HIGHLIGHTS
USA-WESTEN

DIE 50 ZIELE, DIE SIE GESEHEN HABEN SOLLTEN

HIGHLIGHTS
USA-WESTEN

Christian Heeb
Margit Brinke
Peter Kränzle

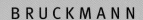
BRUCKMANN

Oben: Abenteuer Westen – mit dem Camper unterwegs zur Geisterstadt Bodie vor der Kulisse der schneebedeckten Sierra Nevada. Mitte: »Stars & Stripes« in Hülle und Fülle bei Twin Falls im Bundesstaat Idaho. Unten: Ein Elch – in Nordamerika »moose« genannt – grast friedlich im Rocky Mountain National Park im Bundesstaat Colorado.

Inhaltsverzeichnis

Oben: Ungewöhnliche Felsenformation im Big Bend NP, der am Rio Grande River im Westen von Texas liegt. Mitte: Bergkulisse wie aus dem Bilderbuch – die Teton Range im Grand Teton National Park spiegelt sich im Snake River. Unten: Zwei moderne »Warriors of the Plains«, wie die Lakota-Indianer genannt wurden, haben die Pferde gegen Bikes eingetauscht.

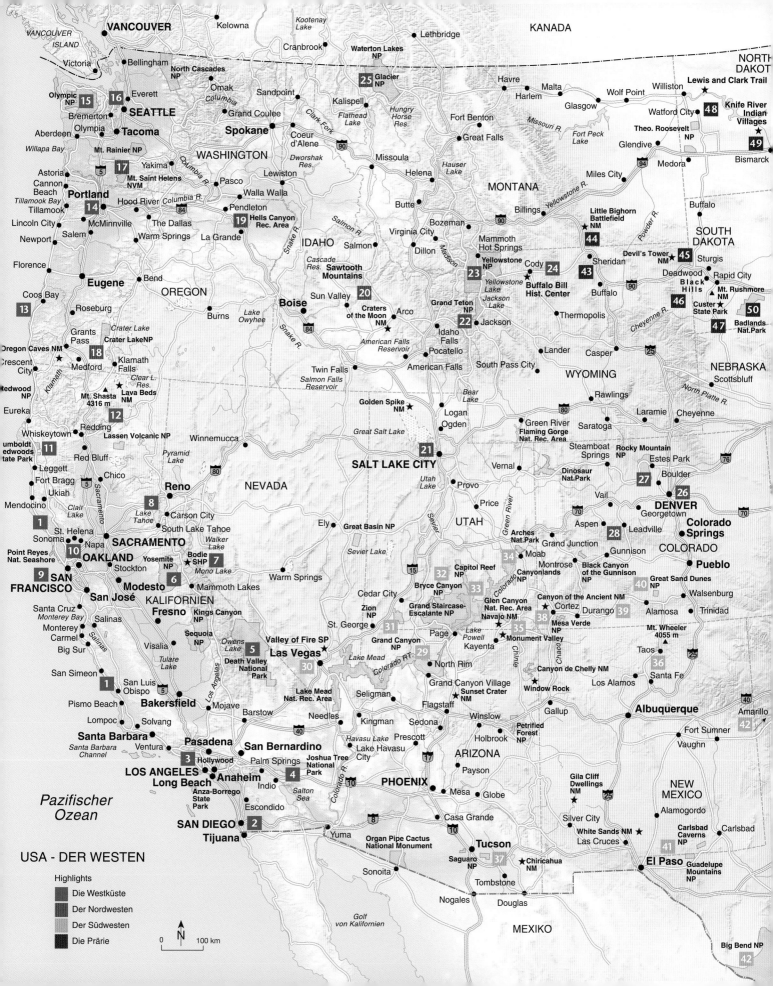

Oben: Lake Mead National Recreation Area, Nevada. Mitte: Bisons im Custer State Park, South Dakota. Unten: Sanddüne im Death Valley National Park im Bundesstaat Kalifornien. Rechts: Blick auf den Coit Tower, der den Telegraph Hill markiert, einen der vielen Hügel von San Francisco. Im Hintergrund die legendäre Gefangeneninsel Alcatraz.

USA-Westen

»Wide Open Spaces«

»Der wahre Westen unterscheidet sich von der Ostküste auf eine großartige, beeindruckende, allgegenwärtige und Ehrfurcht gebietende Weise: durch den Raum. Die unermessliche Weite verändert Straßen, Häuser ..., Politik, Wirtschaft und ... die Denkungsart.« So brachte der Schriftsteller William Least Heat-Moon einmal die Faszination des nordamerikanischen Westens auf den Punkt. Eine Faszination, die bis heute Reisende in ihren Bann zieht.

Die Sehnsucht nach »Wide Open Spaces«, nach endlosem Raum, war nur ein Motiv der frühen Siedler, weit in den nordamerikanischen Kontinent vorzudringen. Auch Tugenden wie Optimismus, Abenteuerlust und Risikofreude trieben die Pioniere an. Bereits unter den ersten europäischen Neuankömmlingen, die sich im 17. Jahrhundert an der Ostküste niederließen, befanden sich Entdeckernaturen, die neugierig gen Westen blickten. Ihnen und dem wachsenden Siedlungsdruck ist es zu verdanken, dass sich die *frontier* – die Grenze zwischen der »europäisch-zivilisierten« und der »indianisch-unzivilisierten« Welt –, allmählich westwärts verschob.

1845 fasste der New Yorker Kolumnist, Redakteur und Verleger John L. O'Sullivan diesen Drang, den nordamerikanischen Kontinent vollständig zu vereinnahmen und dazu immer weiter nach Westen zu ziehen, unter dem Begriff »Manifest Destiny« zusammen. Horace Greeley (1811–1872), der Gründer der *New York Tribune* und einer der politisch einflussreichsten Männer seiner Zeit, soll dazu die Parole geprägt haben: »Go West, young man!«

Ein wahres Schnäppchen

Das Land westlich des Mississippi war den europäischen Einwanderern in großen Teilen über Jahrhunderte unbekannt. Das sollte sich im Jahr 1803 ändern: Im Frühjahr hatten die jungen Vereinigten Staaten das gesamte französische Kolonialgebiet vom Mississippi bis zu den Rocky Mountains erworben. »La Louisiana« erschien den Franzosen bis auf wenige Ausnahmen – New Orleans, Baton Rouge oder St. Louis – als lebensfeindlich und zu entlegen, damit wertlos. Zum »Schnäppchenpreis« von nicht einmal 15 Millionen Dollar hatte Napoleon, stets knapp bei Kasse, mit den USA diesen sogenannten Louisiana Purchase ausgehandelt.

Oben: Nach diesem Agavengewächs ist der Joshua Tree National Park in Kalifornien benannt. Mitte: Panguitch in Utah ist mit ihrem Wildwestflair eine typische Kleinstadt im Westen. Unten: Land der Cowboys und Indianer. Hier ein Cowboy der Cibolo Creek Ranch in Texas. Rechts oben: Auf einen Drink in der Million Dollar Cowboy Bar in Jackson Hole, Wyoming.

Eines der unglaublichsten Immobiliengeschäfte der Weltgeschichte war eine plötzliche Verdoppelung des bisherigen Territoriums der jungen Nation. Allerdings wusste niemand, was man sich eingehandelt hatte, denn keiner kannte die rund 2,14 Millionen Quadratkilometer Land zwischen dem Mississippi und den Rocky Mountains. Das änderte sich erst nach der Forschungsreise der Offiziere Meriwether Lewis und William Clark mit dem »Corps of Discovery«. Der Expeditionstrupp nahm im Auftrag von Präsident Jefferson von 1804 bis 1806 den neu erworbenen Besitz in Augenschein. Zunächst erkundeten Forscher, Trapper und Händler das Land, bald entstanden erste Handelsposten und schließlich strömten mehr und mehr Siedler ins »Gelobte Land«.

Goldsucher und Visionäre

Zwei Ereignisse brachten die Besiedlung des Westens entscheidend voran. Das erste verbreitete sich ab 1848 wie ein Lauffeuer: »Gold in Kalifornien!« Von überall her eilten Glücksritter ins »Gold Country« in der Sierra Nevada östlich von Sacramento. Zwischen 1849 und 1851 lockte der California Gold Rush rund 300 000 Menschen auf dem See- und Landweg in den Westen. Allerdings suchte man nicht nur in Kalifornien nach Edelmetallen, fast im ganzen Westen wurde der Boden nach Gold, Silber, Kupfer und anderen Erzen umgewühlt.

Für das zweite einschneidende Ereignis zeichneten vier Geschäftsmänner aus San Francisco bzw. Sacramento verantwortlich: Charles Crocker, Leland Stanford, Mark Hopkins und Collis Huntington. Die »Big Four« hatten 1861 die Central Pacific Railroad Company gegründet und die Regierung in Washington von der Notwendigkeit einer Überlandroute überzeugt. In nur sechs Jahren arbeiteten ganze Heerscharen chinesischer und europäischer Zuwanderer, befreiter Sklaven und ehemaliger Bürgerkriegssoldaten an diesem Meisterwerk des Eisenbahnbaus zwischen Omaha im Osten und Sacramento im Westen. Am 10. Mai 1869 wurde schließlich der letzte Nagel eingeschlagen. Mit dem symbolischen Zusammentreffen der Bautrupps von Union Pacific und Central Pacific bei Promontory, im heutigen Utah, feierte man die erste Transkontinentalverbindung – ein entscheidender Schritt zur Besiedelung des Westens war getan.

Weites Land mit vielen Gesichtern

Der Westen der USA umfasst das riesige Gebiet zwischen dem Pazifik im Westen, der Prärie im Osten, der kanadischen Grenze im Norden und der Sonorawüste

Mexikos im Süden. Mit etwa drei Millionen Quadratkilometern machen die elf »klassischen« zum US-Westen zählenden Staaten – Arizona, Kalifornien, Colorado, Idaho, Montana, Nevada, New Mexico, Oregon, Utah, Washington und Wyoming – etwa 40 Prozent der Gesamtfläche des Landes aus. Rechnet man noch die am Rande gelegenen Präriestaaten North und South Dakota, Nebraska und Kansas hinzu, nimmt der Westen mehr als die Hälfte der US-Landfläche ein, dabei lebt nur rund ein Viertel der etwa 310 Millionen Amerikaner hier. Angesichts seiner Größe ist der Westen auch geografisch alles andere als einheitlich. Er teilt sich in eine Vielzahl von Landschaftsformen, Klima- und Vegetationszonen auf. Das zentrale Tiefland, die Lower Plains, erstrecken sich um die Großen Seen und das Tal des Mississippi. Sie gehen in die Prärie über, die Great Plains, die erste bestimmende Landschaftsform des Westens. Dieses Grasland, das westwärts von 400 auf 1800 Meter ansteigt und immer wüstenartiger wird, rollt – Ozeanwellen gleich – auf die mächtige

Gebirgskette der Rocky Mountains zu. Die »Rockies« bilden den Ostteil der nordamerikanischen Kordilleren. Sie ziehen sich von Alaska bis hinunter nach Mexiko und erreichen Höhen von bis zu 4400 Metern (am Mt. Elbert/Colorado). Flüsse wie Green oder Colorado River haben sich in Jahrhunderten in die Hochebenen hineingefressen und Landschaften wie den grandiosen Grand Canyon geformt.

Zwischen den Rocky Mountains und der vulkanischen Cascade Range, einem weiteren Teil der Kordilleren, liegen Great Basin, Columbia und Colorado Plateau. Letztere sind zwar Halbwüsten, werden aber von mächtigen Strömen durchflossen, während das Great Basin keinen nennenswerten Abfluss hat. Dort sind beim Austrocknen der Seen Salztonebenen entstanden. Das pazifische Gebirgssystem, die letzte große Landschaftsform im Westen, wird von zwei Ketten dominiert: im Osten von den Gebirgszügen der vulkanischen Cascade Range und der Sierra Nevada, im Westen durch die Küstenberge der Coast Ranges.

Oben: Nicht alltäglicher Zugang zu einem Waschsalon in Dubois, Wyoming. Mitte: »Bears X-ing« – Warnschild nahe Tahoe City in der Sierra Nevada. Unten: Powwows, wie hier in Fort Hall in Idaho, sind Ausdruck eines neuen Selbstbewusstseins der First Nations. Links: Die Eisenbahn erschloss den Westen. Abendstimmung mit Bahngleisen in North Dakota.

Oben: Blühende Feigenkaktee im Mojave-Schutzgebiet, Kalifornien. Mitte: »Sehen und gesehen werden« ist das Motto am Strand von Venice Beach. Unten: Abendstimmung über dem Sunset Boulevard in Hollywood. Rechts: Blick auf die wild zerklüftete Pazifikküste im Norden Kaliforniens.

Die Westküste

Oben: Auf Tour mit einem 1962er-Cadillac entlang des legendären Highway 1.
Unten: Der Arch Rock ist das markante Aushängeschild an der Pfeiffer Beach bei Big Sur. Rechts unten: Blick auf den Highway 1 und die Bixby Bridge in der Nähe von Big Sur.

1 California Highway 1

Traumstraße entlang der Pazifikküste

Das grüne Schild mit der »1« weist den Weg: Der Highway 1 durchmisst Kalifornien von Süd nach Nord. Der Pacific Coast Highway, ein Teilabschnitt der Staatsstraße, zählt zu den schönsten Autostrecken der USA. Ausgezeichnet als »All American Route« und »National Scenic Byway« folgt der Highway der Kontur der Pazifikküste. Hinter San Francicso wird die Panoramastraße zum Highway 101 und führt bis nach Seattle.

Der Highway 1 windet sich nah der Küste die Berge hoch, um im nächsten Augenblick schroff auf Meereshöhe abzufallen. Auf der einen Seite steht dichter Wald, auf der anderen brandet der Pazifik, hier bildet die Straße lange Geraden, dort schlängelt sie sich in Serpentinen durch das schroffe Küstengebirge, auf Badestrände folgt Wald, turbulente Großstädte wechseln sich mit idyllischen Fischerdörfern ab.

Die California State Route 1, so der offizielle Name, ist die bekannteste Überlandstraße des Sonnenstaates und zugleich der spektakulärste Streckenabschnitt des Pacific Coast Highway. Ausgangsort ist San Clemente, eine Kleinstadt auf halbem Weg zwischen San Diego und Los Angeles. Ein Strand reiht sich an den anderen, bevor die Route ab Malibu erfüllt, was ihr legendärer Ruf verspricht. Bis hinauf in die San Francisco Bay und weiter zum Endpunkt im nordkalifornischen Leggett, ist die Straße oft nur zweispurig ausgebaut und schmiegt sich eng an die Küstenlinie.

Alte Missionen und neue Paläste
Unterwegs passiert man alte spanische Missionen, das Madonna Inn in San Luis Obispo – ein kurioser Motelbau zwischen Kitsch und Glamour – oder das Hearst Castle, den mit Sammlerstücken vollgestopften Palast des Zeitungsmoguls William R. Hearst. Der berühmteste Streckenabschnitt der Central Coast ist Big Sur. Die unberührte Küste, erschlossen durch die in den Depressionsjahren gebaute Straße, vermittelt ein ursprüngliches und naturbelassenes Kalifornien – Anziehungspunkt und Inspirationsquelle vieler Künstler. Henry Miller ließ sich in Big Sur nieder, im idyllischen Carmel-by-the-Sea lebten Ernest Hemingway, Jack London und der Fotograf Edward Weston. Dem Küstenort Monterey hat John Steinbeck in seinem Roman *Cannery Row* von 1945 ein Denkmal gesetzt. Eine moderne Attraktion ist das Monterey Bay Aquarium, das Teile des offenen Meeres einschließt.

Im Großraum von San Francisco verliert die Route kurzzeitig ihren beschaulichen

Reiz, doch diesen Mangel gleicht die Stadt leicht aus durch ihre spektakuläre Lage und die kulturelle Vielfalt. Kaum ist die Golden Gate Bridge überquert, setzt die Landschaft wieder Akzente. Den Streckenabschnitt des CA Highway 1 nördlich von San Francisco werden vor allem Naturfreunde genießen. Vorbei an der Point Reyes National Seashore – Hochburg der Biobauern und Naturparadies –, an Fischerdörfern, malerischen Buchten und steilen Klippen taucht die Straße nördlich von Fort Bragg in dichte Redwood-Wälder ein.

Im Wald der »stillen Riesen«

In der kleinen Ortschaft Leggett endet der CA Highway 1 und mündet in den US Highway 101, der weiter nach Oregon und Washington führt. Hier in Nordkalifornien nennt man den 101-er »Redwood Highway«. Die nun vierspurige Autobahn streift nicht nur malerische Orte wie Mendocino oder Eureka, sondern quert auch mehrere Schutzgebiete, in denen noch unzählige »stille Riesen« stehen.

Die Küsten-Redwoods – *Sequoia sempervirens* – gehören der Gattung der Sequoia aus der Unterfamilie der Mammutbäume an. Obwohl sie schlank sind – sie werden bei einem Stammdurchmesser von nur rund vier Metern bis zu 100 Meter hoch –, erreichen sie ein Alter von bis zu 2000 Jahren. Die Küsten-Redwoods wachsen heute nur noch in wenigen eng begrenzten Regionen, so entlang eines schmalen Küstenstreifens in Nordkalifornien und im Südwesten von Oregon, einem regenreichen Nebelgürtel. Trockenheit, Erosion und Winde können den flach wurzelnden Bäumen zwar Schaden zufügen, doch die größte Gefahr droht durch die Holzindustrie. So hatte man Mitte der 1960er-Jahre bereits Mühe, größere zusammenhängende Waldflächen auszumachen. 1968 bewirkten Naturschützer, dass die Restbestände unter Schutz gestellt wurden, zehn Jahre später konnte das Areal ausgeweitet werden. Heute gilt der mehrteilige Naturpark, dessen Mittelpunkt der Redwood National Park bildet, als World Heritage Site und International Biosphere Reserve.

AN DER AMERICAN RIVIERA

Der Küstenabschnitt um Santa Barbara nennt sich stolz »American Riviera«. Mediterranes und mexikanisches Flair haben die Stadt zu einem der beliebtesten Reiseziele Südkaliforniens gemacht. Die im Sonnenlicht weiß strahlende Santa Barbara Mission, auch »Queen of the Missions« genannt, gilt als schönste der 21 Missionen Kaliforniens. Das Vorzeigestädtchen Santa Barbara ist das Kontrastprogramm zu Los Angeles: ohne Wolkenkratzer, Verkehrsstaus und Hektik, dafür mit sauberen Straßen und sehenswerter mexikanisch beeinflusster Architektur in der malerischen Altstadt.
Infos zu Santa Barbara: www.sbvisitor center.org und www.santabarbara.com

WEITERE INFORMATIONEN

Kalifornien: Touristikdienst Truber Schwarzwaldstr. 13, 63811 Stockstadt, Tel. 06027/40 28 20, www.visitcalifornia.de (deutsch). Versand von Informationsmaterial zu Kalifornien.
California Tourism: www.visitcalifornia.com (auch dt.).
Monterey Bay Aquarium: www.mbayaq.org

2 | San Diego

Perle am Pazifik

Den Spaniern würden heute die Augen übergehen: Aus der trostlosen Missions- und Militärstation, die Mitte des 18. Jahrhunderts von ihnen angelegt worden war, ist die zweitgrößte Stadt Kaliforniens geworden: San Diego. Das ganzjährig angenehme Klima, ein großes Freizeit- und Sportangebot, die attraktive Innenstadt und das historische Erbe an der Grenze zu Mexiko begeistern jährlich Millionen von Besuchern.

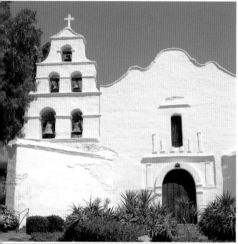

Früher ein »staubiges Nest« am Rande des spanischen Kolonialreichs, heute eine moderne, glitzernde Metropole, die zu Recht den Beinamen »Perle am Pazifik« trägt – San Diego. Und ausgerechnet hier liegt die Geburtsstätte Kaliforniens. Dieser Ort war der erste, den Juan Rodríguez Cabrillo auf einer Erkundungsreise 1542 entdeckt hatte; bis zur Gründung der Mission dauerte es aber noch fast 230 Jahre. Im Abstand von etwa 50 Kilometern kamen bis 1823 weitere 20 Stationen hinzu.

Erste Mission in Kalifornien

Die Mission San Diego de Alcalá von 1769 war die erste des Franziskanerordens in Kalifornien. Sie befand sich ursprünglich in der Nähe der heutigen Old Town, angelegt im Schutz der Befestigungsanlage Fort Presidio. 1774 entschlossen sich die Mönche zum Umzug an den jetzigen Standort im Norden der Stadt, weil im fruchtbaren Mission Valley die Wasserversorgung und die Bodenqualität besser waren.

Die heutige Kirche – nach einem Erdbeben 1803 erbaut – erklärte Papst Paul VI. 1976 zur »Basilica Minor«, einer kleineren, aber wichtigen Basilika. Ein Rundgang führt zum original erhaltenen Refektorium, zu den Ruinen des Klosters, zur Kirche und zum Museum. Hier werden frühe liturgische Gewänder aufbewahrt; vor allem aber erinnern Ausstellungsstücke und Handschriften an den Gründer der kalifornischen Missionen: Junipero Serra.

»Tor nach Mittelamerika«

Wegen der Nähe zu Mexiko gilt San Diego als »Tor nach Mittelamerika«. Es ist ein Luftfahrtzentrum und der wichtigste Marinestützpunkt der USA am Pazifik. In der Bucht bestimmen daher die grauen Schiffskörper von Flugzeugträgern, Kommandoschiffen und U-Booten das Bild. Heute liegt die Bedeutung der Stadt aber nicht mehr ausschließlich auf militärischem Gebiet. Telekommunikation, Biotechnologie und Fremdenverkehr spielen eine immer größere Rolle in San Diego.

Oben: 1769 gegründet, war San Diego de Alcalá die erste spanische Mission in Kalifornien. Unten: Flamingos genießen die Sonne in Sea World San Diego. Rechts oben: In Old Town San Diego wird die Geschichte zu neuem Leben erweckt. Rechts unten: Das prächtige Prado-Theater im Balboa Park in San Diego.

Zu den Attraktionen der 1,3-Millionen-Einwohner-Stadt gehört die fußgängerfreundliche Innenstadt, einerseits mexikanisch geprägt, andererseits mondän mit moderner Skyline. Ein Treffpunkt für Romantiker und Stadtrundgänger ist Seaport Village, das restaurierte Hafenviertel. Um den alten Stadtkern aus dem späten 19. Jahrhundert ist das Gaslamp Quarter entstanden. In Old Town, mit Bauten aus der spanischen Kolonialzeit und dem bunten Marktareal, zieht der »Bazaar del Mundo« Besucher aus aller Welt an.

Grüne Lunge und Kulturzentrum
San Diegos Balboa Park verbessert die Optik wie die Stadtluft gleichermaßen. Er beherbergt viele interessante Museen sowie den San Diego Zoo. Der 560 Hektar große Park wurde 1892 angelegt, erhielt aber erst anlässlich der Panama-California-Ausstellung vor knapp 100 Jahren und der internationalen California Pacific Exposition von 1935 sein heutiges Ausse-

hen. Der Architektur der Ausstellungsgebäude, die heute meist als Museen dienen, gelingt es, spanischen Neo-Barock und Mission Style harmonisch miteinander zu verbinden.

Der San Diego Zoo existiert seit bald 100 Jahren und er zählt zu den berühmtesten Tiergärten der Welt. Auf über 40 Hektar Fläche sind knapp 4000 Tiere aus 800 Arten inmitten üppiger Vegetation zu Hause. Touren im offenen Doppeldeckerbus verschaffen eine erste Orientierung. Später kann man das Erlebnis zu Fuß intensivieren oder von der Seilbahn aus (Aerial Tram), die die beiden Enden des Zooareals miteinander verbindet, einen Blick auf den Tierpark werfen. Als Besuchermagnet der Stadt gilt auch Sea World, eine Mischung aus Zoo, Freizeitpark und Aquarium. Im schicken Badeort La Jolla sind Kunst und Genuss die Anziehungspunkte. Point Loma, ein Landsporn, der die San Diego Bay im Westen vom Meer trennt, wird in erster Linie zur Walbeobachtung aufgesucht.

Oben: Vom Immobilien-Werbeschild zum Wahrzeichen: der Hollywood-Schriftzug am Mount Lee, Teil der Hollywood Hills. Unten: Am Strand von Venice Beach sind die Schönen, Reichen und Gestylten zu Hause. Rechts: Das »Roxy« gehört zu den legendären Nightclubs am Sunset Strip in Hollywood.

3 Los Angeles

Megastadt und Traumfabrik

Die Schriftstellerin Dorothy Parker meinte einmal, Los Angeles sei »keine Stadt, sondern hundert Vororte auf der Suche nach einer City!« In der Tat ist L.A. alles andere als ein gewöhnlicher Ort. Zwar markiert eine Gruppe von Hochhäusern weithin sichtbar den Kern der 1781 von Spaniern gegründeten »Stadt der Engel«, doch breitet sich ringsum die Metropole wie ein riesiger Teppich aus.

Los Angeles setzt sich, streng genommen, aus Kommunen unterschiedlichster Größe und Beschaffenheit zusammen: Mehr als 90 Gemeinden – teils eigenständige Städte – mit fast 18 Millionen Menschen bilden den Großraum Los Angeles. Und doch ist das Ganze mehr als die Summe seiner Teile: Zunächst drohen die vielspurigen, Tag und Nacht befahrenen Autobahnen jeden zu verschlingen, doch wer den gordischen Knoten der Highways erst einmal entwirrt hat, kann der Megalopolis durchaus Reize abgewinnen.

El Pueblo de la Reina de los Angeles, das »Dorf der Königin der Engel«, ist der Siedlungskern von 1781. Diese alte Stadtmitte hat in den letzten Jahren enorm an Attraktivität gewonnen. Spektakuläre moderne Architektur steht für den ständigen Wandel der Stadt: Frank O. Gehrys Walt Disney Concert Hall, L.A. Live mit dem Grammy Museum und Museen wie MOCA, das Natural History Museum und das California ScienCenter, oder, bereits in Westside, das LACMA (L.A. County Museum of Art) tragen erheblich zur kulturellen Vielfalt der Stadt bei.

Glanz und Glamour in Hollywood

Ein Name steht synonym für Glanz und Glamour, Showbiz und American Dream: Hollywood. Vom alten Glanz der »Lamettastadt«, in der Peep Shows den Boom einleiteten, der 1910 zur Gründung der ersten Studios führte, ist nur noch wenig zu spüren. Die Filmindustrie verteilt sich mittlerweile auf den gesamten Großraum L.A. Die 1964 eröffneten Universal Studios, die weltgrößten Film- und TV-Studios, sind zur »Stadt in der Stadt«, Universal City, angewachsen. Heute suchen die Stars eher den Abstand zur Traumfabrik: Sie leben in Bel Air oder Malibu, in der Westside – mit dem Sunset Strip – oder in Beverly Hills, wo der legendäre Rodeo Drive zum exklusiven Einkaufsbummel einlädt.

Dennoch zieht die großspurige Leuchtschrift im Griffith Park die Menschen noch immer magisch an. Die berühmten

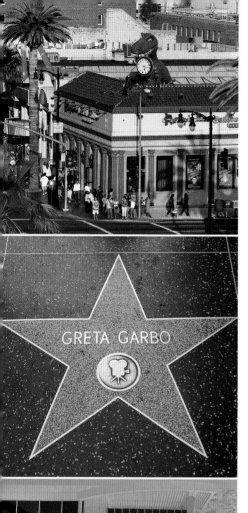

Viel berühmter als das Ripley's Museum in Hollywood (oben) ist der Walk of Fame mit seinen über 2000 Sternen (Mitte). Unten: Das Getty Center thront in den Bergen hoch über Los Angeles. Rechts unten: Besuch im Museum of Contemporary Art, MOCA. Rechts oben: Im Innenhof des Autry National Center of the American West.

Buchstaben sind ein Werbegag. 1923 hatte eine Immobilienfirma auf diese Weise versucht, Käufer anzulocken. Der weithin sichtbare Schriftzug 460 Meter über dem Beachwood Canyon sollte auf den Ort Hollywood und die dort zur Verfügung stehenden Grundstücke aufmerksam machen.

War ein Spaziergang auf dem Hollywood Boulevard früher eher eine Enttäuschung, erstrahlt er dank Verschönerungsmaßnahmen, Neubauten und Renovierungen heute in neuem Glanz. Alte Kinos wie El Capitan Theatre (Disney) – 1941 Premierenbühne von »Citizen Kane« –, das Pantages oder das Egyptian Theatre wurden aufpoliert. Der neue Shopping- und Unterhaltungskomplex Hollywood & Highland – in dessen Kodak Theatre seit 2002 die Oscars verliehen werden – laden zum Rundgang ein. Der legendäre Walk of Fame auf dem Hollywood Boulevard ist der Hauptanziehungspunkt Hollywoods. Seit 1958 haben sich auf mehr als fünf Kilometern über 2200 Stars in messingumrahmten Marmorsternen mit ihrer Unterschrift verewigt. Einer Pilgerstätte gleicht auch der Platz vor dem Grauman's Chinese Theatre, ein kurios anmutender bunter Bau mit Pagodendach und asiatisch-exotischen Details: Hier hinterlassen seit 1927 Hollywood-Stars ihre Hand- und Fußabdrücke.

Fototermin mit Mickey Mouse

Seit mehr als einem halben Jahrhundert erwachen in dem Vergnügungspark Disneyland in Anaheim, einer Stadt südöstlich von L.A., die Helden der Kindheit zu neuem Leben. Hier schütteln Mickey Mouse, Goofy und all die anderen Disney-Figuren den jährlich rund zehn Millionen Besuchern die Hand. Bauten aus aller Welt wurden neu errichtet, gleich daneben haben sich die Visionen ferner Galaxien manifestiert. Seit der Eröffnung am 17. Juli 1955 – lange vor Disney World in Florida – erfreut sich der »happiest place on earth«, so Walt Disneys Traum, ungebrochener Beliebtheit.

Ein zweiter Vergnügungspark in Anaheim erinnert weniger an Comics als vielmehr an die Ursprünge der Region als Farmland mit Orangen- und Zitronenhainen: Knott's Berry Farm. Aus einem Obst- und Gemüse-Verkaufsstand am Highway 39 entwickelte sich ein wahrer »Wildwest-Budenzauber« und einer der beliebtesten Themenparks der USA.

»To the beach!«

Über eine Strecke von mehr als hundert Kilometern reiht sich zwischen Los Angeles und San Diego ein Sandstrand an den nächsten. Surfer und Surfsound, Beachboys und -girls sorgen das ganze Jahr für Ferienstimmung. Mit fröhlichem Hedonismus präsentieren die Schönen und »Geschönten« ihre sonnengebräunten, durchtrainierten Körper.

Die bekannteste Küstengemeinde im Großraum L.A. ist Santa Monica, einst die neue Heimat deutscher Emigranten wie Thomas und Heinrich Mann, Bertolt Brecht, Alfred Döblin oder Lion Feuchtwanger. Eine Art Themenpark in der Wirklichkeit ist Venice: Der reiche Kalifornier Abbot Kinney war zu Beginn des 20. Jahrhunderts derart von Venedig begeistert, dass er die Lagunenstadt mit Kanälen, Brücken und Gondeln nachbauen ließ. Dennoch blieb der erhoffte Immobilienboom aus, Kaliforniens Venedig ge-

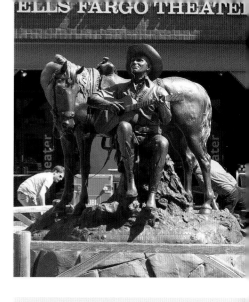

riet in Vergessenheit und wurde erst in den 1950er-Jahren von Künstlern und Aussteigern wiederentdeckt.

Auf den ersten Blick wirken die Strände beinahe einförmig, doch es gibt durchaus Unterschiede. Marina del Rey, die »French Riviera«, die beliebten Surfstrände und Promenaden in Hermosa und Manhattan Beach, Redondo Beach mit dem Latin American Art Museum – jeder Abschnitt hat seine Besonderheiten. Auch Ranchos Palos Verdes mit der vorgelagerten Trauminsel Catalina Island, Long Beach mit seinem Hafen und dem sehenswerten Aquarium of the Pacific oder Huntington Beach, das Mekka der Surfer, sind lohnende Ziele.

Ungewöhnliche Kunsttempel

Hoch über der Stadt thront in den Santa Monica Mountains, von viel Grün umgeben, das Getty Center – eine blendend weiße »Kathedrale der Kunst«. Der archi-

tektonisch spektakuläre Museumskomplex von Richard Meier gilt als eines der bedeutendsten Museen und Forschungsinstitute der Neuen Welt. Die Kunstsammlung deckt zeitlich das Spektrum vom Mittelalter bis zur Moderne ab und umfasst geografisch Kunst aus allen Kontinenten.

Einige Kilometer westlich erhebt sich über dem Pazifik mit der Getty Villa ein zweiter ungewöhnlicher Bau, ebenfalls vom reichen Öl-Tycoon J. Paul Getty (1892–1976) finanziert. Er ließ hier, beeindruckt von den Ruinen der antiken römischen Villa dei Papiri bei Neapel, die im Jahr 79 n. Chr. beim Ausbruch des Vesuvs verschüttet worden war, die Villa originalgetreu nachbauen. Nach einer umfangreichen Renovierung ist der Komplex mit herrlichen Gärten und Innenhöfen sowie einer hochkarätigen Antikensammlung und einer Freiluftbühne ein lohnendes Ausflugsziel.

MYTHOS WILDER WESTEN

Bekanntlich wurde der Westernfilm in Hollywood »erfunden«, kein Wunder, dass hier aus dem Nachlass von Gene Autry, einem der legendären Film-Cowboys, ein Museum des Wilden Westens eingerichtet wurde. Das Museum erläutert nicht nur die Geschichte und Kultur des westlichen Amerika, sondern räumt dem Mythos Wilder Westen, Westernfilmen und Western Art viel Raum ein. Zu dem Komplex, der sich im Griffith Park (mit großartigem Ausblick vom Observatorium!) befindet, gehört das Southwest Museum, 1907 als erstes Museum der Stadt gegründet und führend in Sachen indianische Kunst und Kultur. **Autry National Center of the American West**, 4700 Western Heritage Way. http://theautry.org

WEITERE INFORMATIONEN

Los Angeles: LACVB, 333 S. Hope St., Tel. 213/624 73 00. www.discoverlosangeles.com Von den Autoren des vorliegenden Buches stammt auch der »CityTrip Los Angeles«, ISBN 978-3-8317-1998-3, der viele praktische Tipps sowie Hintergrundinformationen liefert.

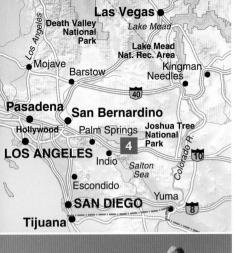

4 | Joshua Tree National Park

»Stille Beter« in der Wüste

Symbolisieren die Saguaros, die Säulenkakteen, die Wüste Arizonas, sind im Osten Kaliforniens die Joshua Trees natürliche Wegmarken. Der Name dieser Pflanze und des Nationalparks geht auf die Mormonen zurück: Beim Anblick der Palmlilien fühlten sich die ersten Siedler an die Gebetshaltung eines Predigers in der Wüste erinnert und nannten das Gewächs nach der biblischen Figur Josua »Joshua Tree«.

Einen Steinwurf entfernt von der Oase Palm Springs, einem beliebten Erholungsort östlich der Metropolregion Los Angeles, greift die Wüste Raum: Hier liegt im Übergangsbereich zwischen Mojave- und Sonora-Wüste der Joshua Tree National Park. Dieser Nationalpark fasziniert aus vielen Gründen, allein schon deshalb, weil hier zwei Wüstentypen und Ökosysteme aufeinandertreffen.

Wüste ist nicht gleich Wüste, und im amerikanischen Südwesten gibt es gleich vier davon: Die Mojave-Wüste erstreckt sich vom Südosten Kaliforniens nach Nevada, nördlich davon breitet sich das Great Basin bis Utah, Idaho und Oregon aus. Die Sonora-Wüste reicht über Arizona südwärts nach Mexiko und die Chihuahua-Wüste liegt im Grenzbereich von New Mexico und Mexiko.

Die Westhälfte des Joshua Tree National Park gehört zu der höher gelegenen, feuchteren und kühleren Mojave-Wüste, während der Ostteil mit Lagen von meist unter 600 Metern zur Sonora-Wüste gerechnet wird, mit den dort typischen Kreosotbüschen. Zudem verläuft der markante San-Andreas-Graben, wo die nordamerikanische und die pazifische Erdplatte aneinanderstoßen, entlang der südwestlichen Parkgrenze.

Ein »Tree«, der kein Baum ist

Nicht nur im Nationalpark, sondern in der gesamten Mojave-Wüste ist der Joshua Tree die dominierende Pflanze. Dabei handelt es sich nicht um einen Baum, wie der Name vermuten lässt, sondern um ein Agavengewächs (*Yucca brevifolia*). Als immergrüne Pflanze ist der Joshua Tree mit messerscharfen Blättern an weit ausgreifenden Zweigen bewehrt, wobei der Stamm – wie bei einem Kaktus – aus einem Faserskelett besteht.

Perfekt an Hitze und Kälte angepasst, gedeihen die weitgehend frostunempfindlichen Pflanzen bevorzugt in Höhen von über tausend Metern. Sie wachsen nur wenige Zentimeter im Jahr, können aber dank ihrer langen Lebensdauer bis zu neun Meter hoch werden. Die höchsten Exemplare erreichen zwölf Meter, die äl-

Oben: Faszinierende Wüstenlandschaft nahe der Lost Palms Oasis im Joshua Tree National Park. Unten: Ein blühender Beavertail Cactus (*Opuntia basilaris*). Rechts unten: Diese baumähnlichen Agavengewächse (*Yucca brevifolia*) verliehen dem Joshua Tree National Park seinen Namen.

testen sind mehr als 900 Jahre alt. Die Pflanze blüht – unter günstigen Bedingungen – zwischen Februar und April cremeweiß.

Die Wüste lebt

Im Nationalpark angelegte Rundwege, die von der Durchgangsstraße abgehen, weisen unterschiedlich lange Wanderungen aus, um die ungewöhnliche Vegetation mit Joshua Trees, Yuccas, Ocotillos und anderen Kakteenarten vor der Kulisse bizarrer Lavasteingebilde und glatt geschliffener Granitfelsen kennenzulernen. Dabei wird auch klar, dass die Wüste »lebt« und wahre Überlebenskünstler, die bevorzugt in der kühleren Nacht unterwegs sind, beheimatet: Kleintiere wie Fledermäuse, Kaninchen, Ratten und Hörnchen, aber auch Klapperschlangen, Taranteln, Echsen und die Desert Tortoise, eine etwa 50 Zentimeter

lange Schildkröte. In höheren Lagen fühlen sich Wüstendickhornschafe, Maultierhirsche und sogar Pumas, Rotluchse und Kojoten wohl. Zudem soll es auch über 250 Vogelarten geben, unter denen der Roadrunner (Rennkuckuck) der bekannteste Vertreter sein dürfte.

Eine Besonderheit der Wüste und ein eigenes Ökosystem stellen die Fächerpalmen-Oasen dar, von denen es in Nordamerika mehr als 150 gibt, fünf davon im Joshua Tree National Park. Diese »Petticoat-Palmen« (*Washingtonia filifera*) werden 80 oder 90 Jahre alt und sind mit mehr als 20 Metern die höchsten ihrer Art. Die Ureinwohner aßen die Palmfrüchte und bauten aus den Blättern Hütten. Sie legten regelmäßig Feuer, um dadurch Raum zu schaffen und Samen als Nahrung zu gewinnen, andererseits säten sie an Stellen, wo das Grundwasser gut erreichbar war.

EINE PARADIESISCHE OASE

Eine Fata Morgana? Dieses üppig-grüne Tal am hitzeflirrenden Horizont ist keine Sinnestäuschung. Palm Springs und die Nachbargemeinden Palm Desert, Indian Wells – das Tennismekka – und Indio, im Coachella-Tal gelegen, sind Realität. Dass ausgerechnet hier eine paradiesische Oase entstehen konnte, geht auf Mineralquellen zurück, die die Ureinwohner zu Heilzwecken nutzten. Ab dem Jahr 1853 lernten auch die weißen Siedler die Quellen zu schätzen. Mit der Blüte der Filmindustrie in Hollywood entdeckten ab den späten 1930er-Jahren Filmstars den Ort und es entstand am Rand des Nationalparks ein Erholungs- und Touristenzentrum mit sehenswerter Architektur, luxuriösen Resorts, einer lebhaften Künstlergemeinde und angenehm relaxter Atmosphäre.

WEITERE INFORMATIONEN

Palm Springs: Official Visitors Center, 2901 N. Palm Canyon Dr., Tel. 760/778 84 18. www.visitpalmsprings.com
Joshua Tree NP: www.nps.gov/jotr, Eintritt: $ 15/Pkw.

Oben: Der Zabriskie Point gehört zu den bekanntesten Aussichtspunkten im Death Valley National Park. Unten: Zu den Bewohnern im »Tal des Todes« gehören auch Kojoten (*Canis latrans*). Rechts unten: Weiter Blick vom Zabriskie Point über den Death Valley National Park.

5 | Death Valley National Park

Im Tal des Todes

Das »Tal des Todes« ist durch zahlreiche Western und Science-Fiction-Filme weltbekannt geworden als lebensfeindliche, wenig einladende Landschaft mit extremen klimatischen Bedingungen. Gerade 100 Kilometer östlich der Sierra Nevada mit ihren schneebedeckten Bergen, malerischen Flusstälern und mächtigen Baumriesen gelegen, bietet das Death Valley ein faszinierendes Kontrastprogramm.

Das Death Valley bildet den nördlichen Teil der nach einem Indianerstamm benannten Mojave-Wüste, die sich zwischen Los Angeles und Las Vegas ausbreitet. Eingerahmt von der Panamint-Bergkette liegen Salzebenen und Dünen in einem von den Schoschone-Indianern nicht ohne Grund »Tomesha« – »Feuergrund« – genannten Tal. Bei durchschnittlichen Tagestemperaturen von 50 Grad Celsius im Sommer sowie einer Luftfeuchtigkeit von weniger als sechs Prozent trocknet der Schweiß bereits beim Austreten auf der Haut.

Der heißeste Fleck und der tiefste Punkt

Der Nationalpark umfasst ein Areal von über 13 000 Quadratkilometern; er wird alljährlich von rund 1,2 Millionen Touristen besucht. Badwater, der heißeste Fleck und zugleich der tiefste Punkt der USA, 85,34 Meter unter dem Meeresspiegel, befindet sich mitten im Tal des Todes. Im Westen begrenzt die Panamint Range das Death Valley, im Osten ist es die Amargosa Range. Die Bergkette gliedert sich in die Grapevine Mountains im Norden – mit spektakulären Canyons am Westabhang und dem Grapevine Peak mit 2665 Metern Höhe – und in die Funeral Mountains im Süden.

Die geologische Entstehung des Tales reicht drei Millionen Jahre zurück, als sich Gesteinsschichten zu Bergen anhoben. Als dann im letzten Eiszeitalter die Gletscher der Sierra Nevada zurückwichen, entstand im Death Valley ein großer Frischwassersee. Durch die umgebenden Bergketten der Amargosa und Panamint Ranges und wegen der Sperren, die sich durch Vulkanausbrücke türmten, konnte der prähistorische Lake Manly nicht ablaufen. Über viele Jahrhunderte änderte sich das Klima, und mit steigenden Temperaturen begann der See auszutrocknen. Der fehlende Abfluss führte dazu, dass sich Mineralien im Becken ansammelten und die heute noch sichtbaren Salzschichten entstanden. Das berühmtberüchtigte Tal des Todes war geboren, eine mondartige Landschaft.

Leben im Tal des Todes

Trotz aller Kargheit und Trockenheit sind Flora und Fauna im Tal des Todes durchaus nicht tot: 900 verschiedene Pflanzenarten, 350 Vogel-, 51 Säugetier-, 36 Reptilien- und fünf Amphibien-Arten soll es geben. Dabei sind die Pflanzen entweder besonders gut an die klimatischen Bedingungen angepasst – zum Beispiel indem sie bis zu 30 Meter tief wurzeln, um das Grundwasser zu erreichen – oder sie gedeihen in höher gelegenen Regionen wie beispielsweise Wacholder, Pinien oder Kiefern. Im Talgrund sind es vor allem Mesquite-Sträucher, Bartgras und Yucca, die die Landschaft prägen, in feuchteren Bereichen wachsen auch Tamarisken.
Fällt reichlich Regen, bietet sich von Februar bis April ein farbenprächtiges Bild, wenn Wildblumen, Sukkulenten und Kakteen blühen.
Auch in der Tierwelt ist Anpassung gefragt. Die meisten Kreaturen sind nachtaktiv und kommen mit wenig Wasser, das sie zum Teil mit der Nahrung aufnehmen, aus. Neun verschiedene Wüstenkärpflinge (*Cyprinodon*) leben in den Gewässern, die zweieinhalb Mal so viel Salz enthalten wie der Pazifik. Der »Pupfish« verträgt wie der Western Mosquitofish die hohen Wassertemperaturen.
Mitten in diese unwirtlichen Wüstenlandschaft baute sich Walter Scott Anfang des 20. Jahrhunderts für zwei Millionen Dollar ein komfortables Wüstenschloss, genannt »Scotty's Castle«. Nach verschiedenen wenig einträglichen Jobs hatte der Geschäftsmann publik gemacht, im Death Valley eine Goldmine entdeckt zu haben. »Death Valley Scotty« konnte mehrere Finanziers zum Investieren in eine nicht existierende Ader überreden. Zu ihnen gehörte auch der schwerreiche Albert M. Johnson, der Scott außer dem Märchenschloss auch andere verrückte Ideen bezahlte.

6 Yosemite National Park

Erstes Naturschutzgebiet der Welt

Der Yosemite National Park rühmt sich nicht nur einer grandiosen Berglandschaft, er steht auch beispielhaft für staatlichen Naturschutz. Das ist US-Präsident Abraham Lincoln zu verdanken: Bereits im Jahr 1864 hatte er den »Yosemite Grant« unterzeichnet. Das Gesetz machte Teile des Yosemite Valley zum ersten geschützten Naturareal der Welt. Als State Park war es zunächst dem Staat Kalifornien unterstellt.

Bis in die Mitte des 19. Jahrhunderts lebten im Yosemite-Tal die Miwok-Indianer abgeschirmt und unbehelligt von den Weißen. Erst der Goldrausch von 1849 sorgte kurzzeitig für Unruhe, doch nachdem die erste Euphorie abgekühlt war, kehrte wieder Ruhe ein. Schließlich konnten Naturfreunde durchsetzen, dass das Yosemite Valley bereits 1864 zum Schutzgebiet erklärt wurde. Doch schon 1889 beklagte der Geologe und Universalgelehrte John Muir öffentlich die Zunahme der Schafzucht und die daraus resultierende Zerstörung der Landschaft. Mithilfe von Freunden initiierte er eine groß angelegte Naturschutzkampagne und am 1. Oktober 1890 wurde das Yosemite Valley zum Nationalpark ernannt. Als Muir gut zehn Jahre später mit Präsident Theodore Roosevelt zusammentraf, konnte er diesen sogar dazu überreden, das Gebiet zu vergrößern.

Inzwischen hat der Besucheransturm derartige Ausmaße angenommen, dass Gefahr droht, aus dem Natur- könnte ein Vergnügungspark werden. Es gibt mittlerweile kostenlose Shuttle-Busse, die die wichtigsten Attraktionen und Unterkünfte anfahren. Mehr als vier Millionen Menschen pro Jahr lassen sich weder durch die relativ hohe Eintrittsgebühr und die rasch ausgebuchten Unterkünfte noch durch überfüllte Parkplätze oder den generell starken Andrang abschrecken. Rund 90 Prozent aller Gäste konzentrieren sich immerhin auf etwa ein Prozent der Parkfläche im und um das Yosemite Village.

Der Ort liegt idyllisch in einem rund zwölf Mal eineinhalb Kilometer großen, vom Merced River durchflossenen Tal und ist der Hauptversorgungs- und Anlaufpunkt. Besonders beliebt sind wegen der Ausblicke Glacier Point und Half Dome. Seitdem der kuppelförmige Berg, zusammen mit der 1000-Meter-Wand des El Capitan, zu den bevorzugten Revieren von Kletterern zählt, ist er umlagert von Schaulustigen. Ein weiterer Anziehungspunkt des Parks sind die Yosemite Falls. Sie bestehen aus den Lower und Upper Falls, wobei Letztere mit

Oben: Auf einer Wanderung zum Sentinel Dome im Yosemite National Park. Unten: Besser Abstand halten: Schwarzbären gehören zu den zahlreichen Wildtieren im Nationalpark. Rechts: Vollmond über Merced River und El Capitan, dem berühmtesten Felsen im Yosemite NP.

740 Metern als die höchsten Wasserfälle der USA gelten. Weniger überfüllt ist die nur ein paar Monate im Jahr befahrbare Passstrecke Tioga Road im Norden des Parks. Diese Traumroute führt hinauf auf das Sierra-Hochplateau und ist die einzige West-Ost-Verbindung im Park.

Eindrucksvolle Vielfalt

In der traumhaften Kulisse der Sierra Nevada um das Yosemite Valley gibt es zahlreiche interessante geologische Erscheinungen und Relikte der Eiszeiten zu entdecken: Gletscher, Vulkane, Geysire, Wasserfälle und Quellen. Die Sierra Nevada ist erdgeschichtlich mit nur rund zehn Millionen Jahren relativ jung. Die Bergkette entstand beim Aufeinandertreffen der pazifischen und der nordamerikanischen Erdplatte. Erosionen und Flüsse schufen Canyons, Gletscher meißelten das Landschaftsbild. Die Berge erreichen knapp 4000 Meter Höhe, wobei 80 Prozent der Region bewaldet sind. Gemischte Nadelwälder mit Tannen und Kiefern überwiegen, doch immer wieder ragen die eindrucksvollen Giant Sequoias, die Mammutbäume, heraus.

Fünf der sieben in den USA vertretenen Vegetationsstufen sind hier zu finden, und die Vielfalt der Flora und Fauna ist beeindruckend. Sie umfasst rund 1400 Blumenarten, 37 verschiedene Bäume – darunter Sequoia, Douglasie, Zuckerpinie, Zeder, Kiefer, Silberfichte –, 247 Vogelarten, 80 verschiedene Säugetiere und 22 unterschieliche Reptilien. Schwarzbären sind häufig zu beobachten, ebenso Murmeltiere, Rotfüchse, Stinktiere oder Pfeifhasen. Berglöwen, Dickhornschafe, Wanderfalken oder die Weißkopfseeadler sind dagegen selten geworden. Nach Grizzlybären hält man vergeblich Ausschau, sie wurden in Kalifornien konsequent ausgerottet und sind nur noch als Wappentier präsent.

Ansel Adams und die Liebe zur Natur

Im Yosemite Village lohnt neben einem Besuch des Indian Cultural Center auch ein Abstecher in das kleine Museum, das an den Fotografen Ansel Adams (1902–84) erinnert. Er war schon als Jugendlicher das erste Mal ins Yosemite Valley gereist. 1936 übernahm seine Frau Virginia Best im Dorf das Atelier ihres Vaters, und Adams durchstreifte die Landschaft auf der Suche nach den besten Motiven. In wenigen Jahren schuf er eine grandiose Serie gestochen scharfer Schwarz-Weiß-Fotos. Er hielt die Landschaft in ihrer ursprünglichen Gestalt, unberührt von Menschenhand, fest. Gleichzeitig setzte er sich für eine Ausweitung des staatlichen Nationalparksystems und gegen eine infrastrukturelle Überentwicklung des Areals ein. Adams liebte nicht nur »sein« Yosemite Valley, er bereiste auch andere Nationalparks, Hawaii, Alaska und die Küste um

Oben: Besten Überblick hat man am Glacier Point im Yosemite NP. Mitte: Redwood Trees im Mariposa Grove. Unten: Bootsfahrt auf dem Merced River. Oben Mitte: Blick auf den 97 Meter hohen Vernal Fall vom Mist Trail aus. Rechts unten: Merced River und Cathedral Rocks im Yosemite Valley.

Big Sur, fotografierte die Redwoods und die Seelöwen vor Kaliforniens Küste. Auch wenn Kritiker Adams vorwarfen, er hätte ein idealisiertes Naturbild wiedergegeben, ist es letztlich ihm zu verdanken, dass große Teile der amerikanischen Wildnis weitgehend unberührt erhalten blieben. Als Adams am 22. April 1984 in Monterey starb, hinterließ er über 40 000 Negative und 10 000 Drucke. Der Fotograf hat an zahllosen Büchern und etwa 500 Ausstellungen als Autor und/oder Künstler mitgewirkt.

Pralles Besichtigungsprogramm

Idealer Ausgangspunkt für die Erkundung des Parks ist das Yosemite Village im gleichnamigen Tal. Alle vier Zufahrtswege in den Park hinein enden in dem 1200 Meter hoch gelegenen, von markanten Bergen eingerahmten Talkessel. Abgesehen vom Dorf selbst mit Museen und Besucherzentrum sollten die Yosemite Falls auf dem Programm stehen. Zeitaufwendiger ist der Besuch von Ver-

nal und Nevada Falls im Osten und Mirror Lake im Nordosten – sie sind nur zu Fuß erreichbar.

Fast 190 Meter tief fallen die »Brautschleier«, Bridalveil Falls, herab. Die Indianer nannten sie »Pohono«, Windgeist. Wenn es stärker weht, benetzt das Wasser nur die Felsen ringsum, in regenarmen Zeiten zerstäubt der Wasserfall, bevor der den Boden erreicht. Gegenüber erhebt sich auf der nördlichen Talseite der 2300 Meter hohe El Capitan. Von der Wiese unterhalb des gigantischen Granitfelsens aus kann man gut die Kletterer in der Wand beobachten. Ein Stück weiter talaufwärts warten die Upper und Lower Falls und als Höhepunkt der Half Dome. Ein Abstecher zum Glacier Point ist sinnvoll, wenn man plant, den Park im Süden zu verlassen. Die Tioga Pass Road dagegen nimmt mehr Zeit in Anspruch, sie ist zudem nur zwischen Ende Mai und September schneefrei und passierbar. Wer die Fahrt nach Osten, zum Mono Lake fortsetzt, sollte diese Route wählen.

PARADIES FÜR NATURFREUNDE

Im Yosemite NP stehen rund 1350 Kilometer an Rad- und Wanderwegen zur Verfügung, zudem bietet sich die Gelegenheit zum Bergsteigen, Klettern, Fischen, zu Bootsfahrten und River Rafting auf dem Merced River. Informationen dazu gibt es im Yosemite Valley Visitor Center sowie im Village Store und in den Yosemite-Hotels (www.yosemitepark.com). Viele organisierte Touren starten an der Yosemite Lodge, darüber hinaus werden kostenlos Rangertouren und naturkundliche Veranstaltungen und Vorträge, Filme und Kurse angeboten. Als Zentrum für Outdoor-Freunde gilt das Curry Village (Teil des Yosemite Village), dort können Fahrräder geliehen, Wanderungen geplant und Climbing-Touren arrangiert werden.

Zum Übernachten bietet sich vor allem The Ahwahnee an: Das 1925 mit viel Stein und Holz erbaute Hotel fügt sich elegant in die Landschaft ein. Zum Luxushaus gehört ein ausgezeichnetes Restaurant.

WEITERE INFORMATIONEN

Yosemite NP: www.nps.gov/yose, Eintritt: $ 20/Pkw und http://yosemitepark.com

7 Mono Lake und Bodie

Mondlandschaft und Geisterstadt

Mark Twain nannte den Mono Lake einmal spöttisch einen »versteinerten Blumenkohl«. Tatsächlich gleicht dieser See jenseits der Sierra Nevada einer gespenstisch anmutenden Mondlandschaft aus vulkanischen Hügeln und kuriosen weißen, aus dem Wasser ragenden Tufffelsen. Nicht weit vom See entfernt liegt Bodie, eine Geisterstadt mit authentischer Wildwest-Atmosphäre.

Der ungewöhnliche Mono Lake verbindet zwei völlig unterschiedliche Landschaften: Am Westufer erhebt sich die mächtige Bergkette der Sierra Nevada mit dem Yosemite National Park, am Ostufer beginnt die Wüstenlandschaft des Great Basin. Der See gilt mit rund 750 000 Jahren als das älteste ununterbrochen bestehende Binnengewässer Nordamerikas. Er ist der letzte Rest eines riesigen Sees, der langsam versalzte und schrumpfte. Markenzeichen des Mono Lake sind die skurrilen weißen Kalksteingebilde, die in Ufernähe aus dem Wasser ragen.

Wasserspeicher für L.A.

Die Aufschüttungskegel sind durch kalziumkarbonathaltige Frischwasserquellen entstanden, die unter dem salzhaltigen Seewasser nach oben drücken und in der alkalischen Umgebung als Kalktuff ausfallen. Die Kegel ragen so weit aus dem Wasser heraus, weil große Mengen Trinkwasser abgezapft und über riesige Aquädukte in die rund 500 Kilometer ent-

fernte Metropole Los Angeles geleitet werden. Dass der kräftig zur Ader gelassene See noch nicht aus dem ökologischen Gleichgewicht geraten ist, verdankt er den zahlreichen Gebirgsbächen, die ihn speisen.

Im Besucherzentrum der Mono Lake Tufa State Natural Preserve erfährt der Besucher mehr über Geologie, Geschichte und Ökosystem der Region, aber auch über die einst hier lebenden Kuzedika-Paiute-Indianer. Südlich von Lee Vining, der einzigen Ortschaft in der Region, befindet sich am Seeufer die South Tufa Area mit dem Navy Beach. Ein etwa eineinhalb Kilometer langer Lehrpfad erklärt anschaulich den eigentümlichen See und sein besonderes Ökosystem.

Abstecher in die Geisterstadt

Brütende Hitze, der Wind pfeift, irgendwo quietscht eine Tür in den Angeln. Durch trüb gewordene, gesprungene Fenster fällt der Blick auf eingestaubtes Mobiliar und achtlos hingeworfene Kleidung, Gestrüpp überwu-

Oben: Wie eine Mondlandschaft wirken die Aufschüttungskegel am Mono Lake.
Unten: Die Geisterstadt Bodie nahe dem Mono Lake steht unter Denkmalschutz.
Rechts unten: Zahlreiche Bergseen wie der June Lake verbergen sich in den Sierra Nevada Mountains.

chert verrostete Gerätschaften und Autos. Hat man nördlich des Mono Lake über eine Schotterpiste, die vom Highway 395 abzweigt, den Bodie State Historic Park erreicht, befindet man sich in einer anderen Welt. Bodie hat nichts mit den üblichen aufgeputzten, rekonstruierten Goldgräberstädtchen westlich der Sierra Nevada gemeinsam. Die aufgelassene Geisterstadt hat sich seit den 1930er-Jahren kaum verändert. Damals zwang ein Brand die Bewohner, den Ort zu verlassen.

Benannt wurde die Stadt nach Waterman S. Body, der hier 1859 Gold entdeckt und damit maßgeblich zum rapiden Wachstum beigetragen hatte. 1879, während der Blütezeit, zählte Bodie rund 10 000 Einwohner und war bekannt für das extrem raue Klima und die zwielichtigen Gestalten, die hier lebten und in den benachbarten Silberminen arbeiteten.

Entsprechend sah die Infrastruktur des Ortes aus: Es soll 65 Saloons, etliche Bordelle und Spielhöllen gegeben haben. Nach dem großen Feuer 1932 verfiel der abseits gelegene Ort und erst 1962 wurde ein Revival initiiert: Ausgewiesen als »State Historic Park« und unterstützt von den »Friends of Bodie« ist der Ort heute eine Touristenattraktion. Einsam in karger Berglandschaft gelegen, gilt er als eine der authentischsten Geisterstädte des Westens.

Von Bodie sind neben Ruinen noch viele Häuser, teils komplett mit Inneneinrichtung, erhalten. Im Park Office liegt eine Karte mit Eintragungen der wichtigsten Gebäude bereit, und das kleine Museum informiert über die Geschichte. Auf dem weitläufigen Gelände gibt es zwar Serviceeinrichtungen wie WCs, Trinkwasser und Picknickplätze, aber weder Lokale noch Unterkünfte.

LEE VINING

Zwar halten sich in Lee Vining ein paar kleine Läden und Lokale, doch große Supermärkte fehlen. Auch das Hotelangebot ist überschaubar. Für eine Übernachtung bietet sich die Tioga Lodge an, die am Seeufer – nur durch den Highway 395 getrennt – liegt und aus verschiedenen Cottages auf weitläufigem Grund besteht. Zum Komplex gehört das Hammond Station Restaurant, sodass Gäste rundum gut versorgt werden. Bei Lee Vining biegt der Highway 120 nach Osten ab und führt über den Tioga Pass zum Yosemite National Park. Die atemberaubende Passstraße ist jedoch normalerweise nur zwischen Ende Mai und Oktober befahrbar.

WEITERE INFORMATIONEN

Zur Region: www.monolake.org (Mono Lake); http://parks.ca.gov/?page_id=509 (Bodie SHP); http://leevining.com (Lee Vining).
Tioga Lodge: 54411 US Hwy. 395, nördlich Lee Vining, Tel. 619/320 88 68, www.tiogalodgeatmonolake.com, geöffnet Mitte Juni bis Mitte Oktober.

Am Mono Lake treffen zwei unterschiedliche Landschaften aufeinander: die mächtige Bergkette der Sierra Nevada im Westen und die Wüstenlandschaft des Great Basin im Osten.

8 | Lake Tahoe

»Lake in the Sky«

Jeder, der nach endlos scheinender Fahrt durch die Berge und Wälder der Sierra Nevada plötzlich den tiefblau schimmernden Lake Tahoe erblickt, erliegt seinem Reiz. So erging es bereits dem Forschungsreisenden John C. Fremont, der 1844 als erster Weißer den See besuchte. Und auch Mark Twain schwärmte vom »Lake in the Sky«, dem »himmlischen See«.

Er gilt als größter alpiner See auf dem nordamerikanischen Kontinent: Die Uferlinie des Lake Tahoe misst rund 115 Kilometer. Auf immerhin rund 1900 Meter Höhe gelegen, bringt es der See im Durchschnitt auf 300, an manchen Stellen bis auf 500 Meter Wassertiefe. Man hat ausgerechnet, dass seine Wassermassen den gesamten Bundesstaat Kalifornien fast 40 Zentimeter hoch überfluten könnten. Zu zwei Dritteln in Kalifornien gelegen, auf der Ostseite ein Teil von Nevada, wird der See von einer dramatisch-schönen Berglandschaft mit dichtem Nadelwald umrahmt. Während einer Fahrt auf der Uferstraße – über die Highways 28, 50 und 89 –, die sich in unterschiedlicher Höhe etwa 120 Kilometer um den See schlängeln, lässt sich der »Lake in the Sky« in vollen Zügen genießen. Die Alternative für Wanderer, Reiter und größtenteils auch für Fahrradfahrer heißt Tahoe Rim Trail, ein Pfad, der auf rund 240 Kilometern Länge den See weiträumig umschließt. Da das Hinterland zudem zu einem der

größten Skigebiete des Westens gehört, ist hier das ganze Jahr über Saison. Bereits in den 1890er-Jahren hatte man das Potenzial des Wintertourismus in diesem Teil der Sierra Nevada erkannt. Die Olympischen Winterspiele in Squaw Valley 1960 steigerten die Popularität zusätzlich, und heute tummeln sich sogar Skifreunde aus der San Francisco Bay auf den Pisten.

In der Heimat der Cartwrights
Welcher Westernfan kennt nicht die Cartwrights, Vater Bill (Lorne Greene) und seine Söhne Adam (Pernell Roberts), Hoss (Dan Blocker) und Little Joe (Michael Landon)? Zwischen 1959 und 1972 wurden 430 Folgen der Serie »Bonanza« ausgestrahlt, und viele Jahre konnte man am Lake Tahoe den Drehort der Serie besuchen. Heute ist diese Attraktion geschlossen, doch dafür bietet »Nevada's Historic Capital«, Carson City, im Hinterland Ersatz.
Hier und im nahen Virginia City scheinen die Uhren tatsächlich stehen geblieben

Oben: Ob mit dem Auto, zu Fuß oder per Fahrrad: die Route um den Lake Tahoe ist immer grandios. Unten: In den Bergen um den Lake Tahoe befand sich einst die Ponderosa Ranch der TV-Serie »Bonanza«. Rechts unten: Als »himmlischen See« bezeichnete Mark Twain den Lake Tahoe.

zu sein. Auf Schritt und Tritt fühlt man sich an jene Zeiten erinnert, als der Trapper und Scout Christopher »Kit« Carson im Saloon ein und aus ging. Dieser wurde ebenso wie viele andere Bauten in der Innenstadt westlich des State Capitol restauriert. Das Stadtbild spiegelt ziemlich realistisch den Zustand in den 1860er-Jahren wider, und es erstaunt nicht, dass Hollywood den Ort gern als Westernkulisse nutzt.

Noch authentischer erscheint der »Wilde Westen« im nordöstlich gelegenen Nest Virginia City. Hier verlief einst die legendäre Comstock Lode, eine der ertragreichsten Silber- und Goldadern des Westens. Nachdem es im späten 19. Jahrhundert nichts mehr zu holen gab, versank der Ort in einen Dornröschenschlaf. Allerdings blieb ihm das Schicksal anderer Boomtowns des »Wilden Westens« – wie etwa Bodie – erspart, im Gegenteil: Virginia City mauserte sich zum Besuchermagneten.

Die größte Kleinstadt der Welt

Nicht zu Unrecht nennt sich Reno die »größte Kleinstadt der Welt«: Einerseits erinnern dort Casinos und Hotels, Glitter und Glamour von ferne an Las Vegas, andererseits strahlt das rund 180 000 Einwohner zählende Städtchen am Ostabhang der Sierra Nevada unverkennbar das Flair eines Provinznestes in den Weiten des Westens aus.

Die Anfänge Renos verliefen wenig spektakulär: im Jahr 1859 war neben der Brücke über den Truckee River ein Ort namens »Lake's Crossing« entstanden. Zwar strömten bald Abenteurer auf der Suche nach Gold und Glück ins Land, doch nur wenige blieben hängen. Erst als 1931 in Nevada das Glücksspiel legalisiert wurde, machte sich Wohlstand breit. Reno erwarb sich den Ruf, eine kostengünstige, überschaubare Alternative zu Las Vegas zu sein, und lockte als das »Vegas des kleinen Mannes« Glückssucher an.

EIN STÜCK SCHWEDEN

Am Südende des Sees, zwischen Tahoe City und South Lake Tahoe, bietet sich über der Emerald Bay am Highway 89 der beste Ausblick auf den hier smaragdgrün schillernden See. Doch das ist nur ein Grund zum Anhalten: Am Ufer steht außerdem ein Kuriosum namens Vikingsholm. Vier Kilometer sind es auf einem gut ausgebauten Wanderweg hinunter zu diesem Schlösschen, das ein schwedischer Architekt 1928 im Auftrag von Lora J. Knight erbaute. Alle 38 Zimmer sind im skandinavischen Stil gestaltet und können besichtigt werden. Dem Ufer im Emerald Bay State Park vorgelagert ist Fanette Island, die einzige Insel im See. Hier steht noch die Ruine eines Teehauses, in dem Mrs. Knight ihren Gästen gelegentlich Getränke servierte.

WEITERE INFORMATIONEN

Vikingsholm: Hwy. 89, www.vikingsholm.org. Touren tgl. 10.30–16.30 Uhr Ende Mai–Ende Sept.
Lake Tahoe: www.visitinglaketahoe.com; www.tahoe.com; http://tahoesouth.com; www.gotahoenorth.com

Oben: San Francisco ist die »Stadt der Hügel«, und mit den Cable Cars – wie hier auf der Mason Street – kann man sie auf spektakuläre Weise erklimmen. Unten: Als eine der kurvenreichsten Straßen der Welt gilt der Abschnitt der Lombard Street auf dem Russian Hill. Rechts: Das weltberühmte Wahrzeichen von San Francisco – die Golden Gate Bridge.

9 San Francisco

»Belle of the Bay«

»San Francisco ist eine verrückte Stadt, bewohnt von Menschen, die größtenteils absolut irrsinnig und deren Frauen von bemerkenswerter Schönheit sind.« So charakterisierte schon um 1900 der englische Schriftsteller Rudyard Kipling die »City by the Bay« und ihre Bewohner. Diese Einschätzung hat bis heute Gültigkeit: Diese Stadt ist einzigartig, offen und in jeder Hinsicht vielseitig.

Das Kipling-Zitat beweist es: Die San Franciscans galten seit jeher als ein bisschen schräg und ausgeflippt, vielleicht sogar dekadent und zynisch, aber auch als lebensfroh, aufgeschlossen und tolerant gegenüber den unterschiedlichsten Kulturen, Religionen und Gesellschaftsgruppen. Die Wurzeln vieler Einwohner reichen auf den alten Kontinent zurück, nach Italien und Spanien, Irland und Deutschland, doch das Stadtbild prägen heute vor allem Asiaten und Latinos, die zusammen mehr als die Hälfte der Bewohner ausmachen.

Kaum eine andere Stadt zieht Besucher derart in ihren Bann – trotz latenter Erdbebengefahr und hartnäckiger Nebelschwaden, die sich allerdings innerhalb von Minuten auflösen können und oft nur lokal begrenzt sind. Und das liegt nicht allein an Golden Gate Bridge, Cable Cars und den viktorianischen Bilderbuchhäusern, die die »Belle of the Bay«, die Schöne an der Bucht, auszeichnen. Auch die Geografie der Stadt ist ungewöhnlich: Die Halbinsellage im Norden Kaliforniens zwischen Meer und Bucht erstickte unkontrolliertes Wachstum bereits im Keim und bewirkte, dass die Stadt leicht überschaubar und gut zu erkunden ist. Von vielen der insgesamt 43 Hügel bieten sich spektakuläre Ausblicke. Die Devise in San Francisco lautet deshalb: »Go climb a street« – hügelauf und -ab, zu Fuß oder per Cable Car, nur so lernt man die Stadt, ihre Viertel und ihre gelegentlich exzentrischen Bewohner kennen.

Eine Stadt tickt anders

Eine besonders abstruse Figur war der »Emperor«, Joshua A. Norton (1819–80). Er hatte sein Geld zunächst als gewöhnlicher Kaufmann verdient, war dann aber bankrott gegangen und verarmt. Clever wie er war, erklärte er sich kurzerhand zum »Emperor of the US« und »Protector of Mexico«. In jeder anderen Stadt hätte man über dieses Faktotum gelacht, nicht so in San Francisco: Emperor Norton wurde zur stadtbekannten Persönlichkeit, erhielt Geldspenden, wurde zu Festen

Oben: Feuerwerk vor der Kulisse von Alcatraz Island und der Transamerica Pyramid. Mitte und unten: Eine »verrückte Stadt voller Irrsinniger« nannte Rudyard Kipling San Francisco. Die Folsom Street Fair (Mitte) und zahlreiche Wandmalereien scheinen ihm recht zu geben. Rechts unten: Die »Pink Ladies« am Alamo Square sind beliebte Fotomotive.

und Bällen eingeladen und lebte in gebührendem Prunk – ohne selbst einen Cent zu besitzen. Sein Begräbnis wurde zum Staatsakt, und bis heute gedenkt man am Todestag, dem 7. Januar, des »Kaisers«.

San Francisco, »The City«, ist seit jeher ein Musterbeispiel für eine multikulturelle und bunte, vielseitige und schillernde Gemeinschaft: hier das Italienerviertel North Beach mit Cafés, Restaurants, Bars und Clubs, direkt daneben die umtriebige Chinatown und im Süden der Mission District, das »Barrio Mexicano« – die Enklave der Süd- und Mittelamerikaner. Haight-Ashbury, Geburtsstätte von Flower-Power und Wohnort der Hippies in den 1960er-Jahren, ist noch heute das dynamische Stadtviertel der Künstler und Aussteiger, der Alternativen und Junggebliebenen. Im »Schwulenmekka« Castro zeichnet sich hingegen in den letzten Jahren zunehmend ein Wandel ab: Mehr und mehr junge Familien ziehen zu. Als neuere In-Viertel der Stadt gelten SoMa, das vormalige Industrie- und Hafenviertel südlich der Market Street, das sich zum modischen Kneipen- und Kulturzentrum gemausert hat. Cow Hollow, das Wohnviertel mit Boutiquen, Shops und Cafés um die Union Street, oder auch Hayes Valley, das Revier im Schatten des Rathauses, sind ebenfalls im Kommen. Die Straßenzüge rund um den zentralen Union Square und Fisherman's Wharf sind dagegen rund um die Uhr fest in Touristenhand.

Vom spanischen Fischerdorf zur Boomtown

Spanier waren es, die San Francisco gegründet haben. 1769 hatte der Seefahrer

Don Gaspar de Portolá per Zufall die Halbinsel entdeckt und 1775 erkundete sie Juan Manuel de Ayala näher. Im darauffolgenden Jahr wurde mit dem Bau eines Militärpostens, des Presidio, begonnen und der Grundstein für die Mission San Francisco de Asis gelegt. Mit der Zeit entwickelte sich dort, wo sich heute die Innenstadt befindet, ein kleines Fischerdorf namens »Yerba Buena«, der »Ort mit den guten Kräutern«. 1847 wurde das 450-Seelen-Dorf nach der Mission in »San Francisco« umbenannt. Für einen ungeahnten Boom sorgte der Goldrausch von 1849: Innerhalb weniger Jahre stieg die Einwohnerzahl von kaum 1000 auf über 35 000 an, das vormalige Fischerdorf war zur Finanz- und Handelsmetropole des Westens geworden.

Knapp 60 Jahre später traf die Stadt ein weiteres einschneidendes Ereignis: Am 18. April 1906, um 5.12 Uhr, bebte die nordkalifornische Küste auf fast 400 Kilometern Länge und 50 Kilometern Breite von San Juan Bautista im Süden bis Fort Bragg im Norden. Nach neuesten Untersuchungen erreichte das *earthquake* die Stärke 7,8 auf der Richterskala. Das Beben allein wäre weniger verheerend gewesen – weit schlimmer traf die Stadt der dadurch ausgelöste Großbrand, der drei Tage und drei Nächte wütete und vier Fünftel der Stadt zerstörte. Während die Ruinen noch qualmten, machten sich die rund 400 000 Obdachlosen an den Wiederaufbau. Dieser Optimismus, der bis heute kennzeichnend für die Stadt ist, führte zu einem grandiosen Neubeginn: Ein Bauboom setzte ein, der Hafen wurde vergrößert, und bei der Weltausstellung 1915 feierte man die Wiedergeburt San Franciscos.

Heimat der Bohemians und Unangepassten

In den 1950er- und vor allem 1960er-Jahren rückte San Francisco ins internationale Rampenlicht: Die Beat-Generation um Jack Kerouac und Alan Ginsberg bereitete den Boden für Flower-Power und Gay Liberal and Free Speech Movement. Spätestens seit dem Summer of Love 1967 gilt San Francisco als liberale und linke Stadt, deren Bewohner immer wieder gegen Krieg, Umweltverschmutzung oder kleinbürgerliche Verlogenheit aufbegehren.

San Francisco war (und ist) die Stadt der sozialen und politischen »Movements«, die Heimat von Hippies und Beatniks, Blumenkindern und Bohemiens, Hort der Unangepassten und Aussteiger, der Desperados und Verzweifelten, der Schwulen und Lesben, der Spekulanten und Intellektuellen. Und San Francisco ist »das letzte großstädtische Dorf Amerikas«, wie es der Schriftsteller Herbert Gold einmal formulierte.

Über die Bay hinaus

Genau genommen, gliedert sich die Bucht von San Francisco in zwei Teile: die San Francisco Bay im Süden und die San Pablo Bay im Norden. Touristisch interessant sind die Metropolen Oakland, Berkeley mit der University of California, das Silicon Valley zwischen der Stanford University und San Jose im Süden San Franciscos sowie die Hausbootidylle Sausalito im Norden. Die meisten Orte sind leicht mit öffentlichen Nahverkehrsmitteln von San Francisco aus erreichbar. Für eine Erkundungstour rund um die Bucht, insbesondere für einen Abstecher in das nördlich gelegene Wine Country und auf die Point Reyes Peninsula ist jedoch ein Auto von Vorteil.

SAN FRANCISCO À LÀ CARTE

Die Stadt gilt als Gourmetmekka der USA, und es fällt nicht schwer, die passende Geschmacksrichtung zu finden. Unter dem Motto »Japan trifft Amerika« gibt es z.B.in Alexander's Steakhouse in SoMa hervorragende Steaks und japanische Spezialitäten (www.alexanderssteakhouse.com). San Francisco aus der Luft zu entdecken ist ein besonderes Erlebnis, das San Francisco Helicopters (www.sfhelicopters.com) möglich macht. Zu Fuß geht es mit der kulinarischen Local Tastes of the City Tours (www.localtastesofthecitytours.com) oder mit Castro Tours (www.cruisinthe castro.com) durch die Stadtteile. Ein auch in Deutschland buchbares empfehlenswertes Mittelklasse-Hotel in zentraler Lage ist das Renoir Hotel (www.renoir-hotel.com). Neu renoviert, verfügt es über große und modern eingerichtete Zimmer mit bequemen Betten. Ein Restaurant und eine Bar komplettieren das Renoir.

WEITERE INFORMATIONEN

Mehr Insider-Tipps und Hintergrundinfos gibt es in dem CityGuide San Francisco (ISBN: 978-3-8317-1988-4) von Margit Brinke und Peter Kränzle und auf der offiziellen Webseite www.sanfrancisco.travel

10 California Wine Country

Besuch im »Garten Eden« Kaliforniens

Nördlich von San Francisco liegen mit dem Napa Valley und des Sonoma County die bekanntesten und größten Weinanbaugebiete der USA, die sich zudem als Bioproduzenten einen guten Ruf erworben haben. Im Wine Country ist es Zeit, mit dem einen oder anderen USA-Vorurteil aufzuräumen, denn Kalifornien ist eine Hochburg der Haute Cuisine und des Weins.

Die folgende These mag gewagt sein, aber sie ist nicht unbegründet: Kalifornien ist ein Schlaraffenland und San Francisco seine Kapitale. Denn die kalifornische Küche besticht durch kreative Kombinationen, schonende Zubereitungsweisen, frische, lokal produzierte Zutaten, die saisonal verwendet werden. Längst bieten die kalifornischen Winzer mit ihren Spitzenprodukten sogar französischen Tropfen Paroli. Es gibt zwar mehrere Anbaugebiete, teils im fruchtbaren kalifornischen Längstal, teils an der Küste, doch vor allem die Weine aus der Gegend um Napa und Sonoma im Norden der San Francisco Bay stellen die Aushängeschilder dar.

Inzwischen gilt die ganze Region nördlich von San Francisco, insbesondere das Sonoma County zwischen Point Reyes und Santa Rosa, nicht mehr »nur« als Natur- und Outdoor-Paradies, sondern zugleich als führende Öko-Region der USA. Die Nähe zu San Francisco hat dazu beigetragen, dass Hofvermarktung und Bauernmärkte, Bäckereien, Feinkostläden, Käsereien, Rinder-, Austernzüchter und Fischer in den letzten Jahren eine immer wichtigere Rolle spielen. Die Zeichen stehen auf gesunde, hochwertige Ernährung, umweltbewusstes Verhalten und tiergerechte Haltung – und dafür ist man bereit, etwas mehr auszugeben. Wer sich einmal auf einem der Wochenmärkte in der Region oder auch nur in einem der Bio-Supermärkte umgesehen hat, wird nicht mehr verallgemeinernd von einer »Fastfood-Tiefkühl-Kultur« in den USA sprechen.

Weinanbau im großen Stil

Das Sonoma County gilt wie das parallel verlaufende Napa Valley als »Garten Eden« Kaliforniens. Beide Landstriche werden durch die Region Los Carneros im Süden verbunden – aber das war es dann auch beinahe mit den Gemeinsamkeiten. Das Napa Valley ist ein enger begrenztes, dicht bebautes Weingebiet, das westlichere und doppelt so große Sonoma County besteht dagegen aus verstreuten Agrar- und Naturregionen.

Oben: Weingut an Weingut: hier die Jordan Winery im Alexander Valley (Sonoma County). Unten: Der Deutsche Walter Schug gehört zu den Pionieren des kalifornischen Weinbaus. Rechts oben: Weinreben, so weit das Auge reicht, im berühmten Napa Valley. Rechts unten: Weinberge der renommierten Peter Michael Winery im Sonoma County.

Die Gunst der Kunden verteilt sich recht unterschiedlich auf beide Gebiete: Während sich an Wochenenden die Blechlawinen durchs Napa-Tal wälzen und in den Boutique Wineries die Besucher drängeln, um für viel Geld vom edlen Stoff nippen zu dürfen, gibt sich das Sonoma County ländlich-idyllisch und bodenständig. Weingüter wechseln sich ab mit Obst- und Gemüsefarmen, Käsereien, Brauereien, Cidreproduzenten und Baumschulen.

Kaliforniens edle Tropfen

Zugegeben, aus dem kalifornischen Wine Country kommt auch Massenware, doch in jüngster Zeit produzieren mehr und mehr kleine und größere Winzerbetriebe nach der Devise »Klasse statt Masse«. Sortenwahl und »Terroir«, die spezifischen Gegebenheiten rückten in den letzten Jahren stärker in den Blickpunkt. Die »Großen« im Geschäft wie Gallo, Mondavi oder Fetzer geben zwar seit den 1960er-Jahren den Ton an und heimsen regelmäßig international Auszeichnungen ein. Auch treiben sie aufwendige Werbekampagnen und unterhalten attraktive Besucherzentren und Shops, doch basiert Kaliforniens aufstrebende Weinszene und deren Zukunft besonders auf den kleineren Weingütern und innovativen Winemakern. Vorwiegend als Familienbetriebe geführt, verlassen sie sich mehr auf ihre Erfahrung und Intuition als auf High Tech und Computerdaten. Ihr Ziel ist nicht, möglichst gleichförmige, Jahr für Jahr identisch schmeckende Weine zu produzieren, sondern vielmehr die Qualität und Besonderheit eines veränderlichen Naturproduktes herauszuarbeiten.

Über 1200 Güter existieren derzeit im Golden State, doch gerade die »kleinen« Winzer – wie Ric Forman, Jim Clendenen, Doug Nalle, Cathy Corison oder Philip Togni – haben sich mit einer Kombination von Experimentierfreudigkeit, Innovations- und Improvisationsgeschick einen Namen gemacht. Selbst im schillernden, von »Megastars« wie Opus One oder Mondavi dominierten Napa Valley verbergen sich noch kleine Weingüter, deren edle Tropfen das Herz eines jeden Weinliebhabers höher schlagen lassen. Das Sonoma County gilt als Wiege des kalifornischen Weinbaus: Hier hat der ungarische Graf Agoston Haraszthy 1857 das erste – noch heute existierende – Weingut, die Buena Vista Winery, gegründet. Bekannt wurde die Region auch als Rückzugsort des Schriftstellers Jack London. Nahe Sonoma hat er sich im »Valley of the Moon«, so die Übersetzung des indianischen Wortes Sonoma, sein Traumhaus errichtet.

Das benachbarte Napa Valley sieht sich als »World Famous Wine Growing Region«. Entlang des viel befahrenen Highway 29 oder des östlich verlaufenden, sogenannten Silverado Trail, reihen sich mehr als 200 Weingüter aneinander, in denen einige der besten – und teuersten – Weine der Welt gekeltert werden.

Die »Bohemian Coast«

Die Region unmittelbar nördlich von San Francisco, das Marin County, verdient dagegen ein wenig mehr Aufmerksamkeit: Hier gibt es Weingärten, Obsthaine und Felder, aber auch Naturschönheiten erster Klasse. An der Pazifikküste wechseln sich Steilküsten mit einsamen Stränden und dichten Redwoodwäldern ab.

Oben: Alter Truck vor den Nickel & Nickel Vineyards in Oakville (Napa Valley). Mitte: Weinlese in der Peter Michael Winery (Napa Valley). Unten: Verdiente Pause im Restaurant Bouchon in Yountville (Napa Valley). Rechts unten: Die Qual der Wahl hat man im Laden von Domaine Chandon in Yountville (Napa Valley).

Der meist eng der Küstenlinie folgende CA Highway 1 schlängelt sich von der Golden Gate Bridge entlang der Küste nordwärts zur Point Reyes Peninsula. Dieser Landstrich wird von einem bunten Völkchen aus Aussteigern, Ökofreaks, Künstlern und wohlhabenden San Franciscans bewohnt – »Bohemian Coast« nennt man den Streifen. Die kleinen Ortschaften wie Point Reyes Station, Marshall, Inverness, Olema, Bolinas oder Stinson Beach haben keine großen Sehenswürdigkeiten zu bieten, vermitteln dafür aber den sympathischen Eindruck, als seien Hektik und Anonymität hier Fremdwörter.

Ein wahres Highlight ist die Point Reyes Peninsula. Abgetrennt von der Tomales Bay, liegt die Halbinsel bereits auf der pazifischen Erdplatte. Die Bucht ist aus einer Verwerfungslinie des San-Andreas-Grabens entstanden. Point Reyes National Seashore, der Küstenstreifen, steht unter Naturschutz. Er ist geradezu klischeehaft schön mit seiner sturmgepeitschten, von breiten Sandstränden gerahmten Landschaft mit der vielfältigen Flora und Fauna, den Leuchttürmen und steilen Klippen.

Point Reyes präsentiert sich als ein unberührtes Naturidyll mit Pinienwäldern, Felsenkliffs und Sandstränden, grünen Hügeln und Viehweiden – ein Paradies für Vogelbeobachter, Wanderer, Naturfreunde, Reiter und Wassersportler. Auch der selten gewordene Tule Elk, eine Rotwildart, die nur in Kalifornien vorkommt und durch ihr helles Fell auffällt, ist im Nordteil des Parks reichlich vertreten und kann von fern beobachtet werden.

11 Redwood National Park

Heimat der »Stillen Riesen«

Nördlich von San Francisco, jenseits der legendären Golden Gate Bridge, aber auch jenseits der Weingärten, der Obstbaumhaine und der beschaulichen Agrarlandschaft, erstreckt sich bis hinauf zum Nachbarstaat Oregon ein Naturparadies von herber Schönheit. Steilküsten, einsame Strände und dichte, mystische Redwoodwälder prägen hier die Landschaft.

In grauer Vorzeit galt der Redwood noch als Hauptbaum der nördlichen Hemisphäre. Klimaveränderungen zogen einen allmählichen Rückgang des Bestandes nach sich, sodass die hohen Küsten-Redwoods heute nur noch in wenigen Regionen wachsen, zum Beispiel entlang des nur rund zwei bis fünfzehn Kilometer schmalen nebeligen Küstenstreifens in Nordkalifornien und Südoregon.
Als 1769 Pater Juan Crespi einen ersten Vorstoß in den unbekannten Norden Kaliforniens wagte, staunte er über die reichlich wachsenden riesigen Nadelbäume. Er nannte sie »palo colorado« – roter Baum –, woraus später »Redwood« wurde. Auch der Forscher Jedediah Smith blickte 1828 auf der Suche nach Handelswegen zwischen den Rocky Mountains und dem Pazifik noch auf endlose Redwoodwälder. Doch mit dem Vordringen der Siedler ab der Jahrhundertmitte lichteten sich die unberührten Wälder, das Holz war als Baumaterial begehrt, und der Niedergang der Küstenmammutbäume schien besiegelt.

Die Redwoods erhielten 1847 ihren wissenschaftlichen Namen, »Sequoia«, nach dem berühmten Cherokee-Häuptling, und »sempervirens« wegen ihres immergrünen Zustands. Der höchste bekannte Baum steht im Redwood Creek und misst 112 Meter, der Schnitt liegt bei 100 Metern. Zwar sind die zur Familie der Zypressen gehörenden Bäume recht schlank – der mittlere Durchmesser beträgt vier Meter –, doch können sie ein Alter von 2000 Jahren erreichen; durchschnittlich sind es 500 bis 700 Jahre.

Uralte Überlebenskünstler

Wer den Yosemite National Park besucht hat, kann vergleichen: Bäume der Art *Sequoia sempervirens* erscheinen schlanker und höher als ihre Verwandten am Westhang der Sierra Nevada, die »Giant Sequoias« bzw. die *sequoiadendron giganteum*. Diese werden »nur« rund 70 Meter hoch, messen dafür aber leicht sechs Meter im Durchmesser. Sequoias sind wahre Überlebenskünstler: Dank ihrer dicken Rinde werden sie durch Feuer und Insek-

Oben: Dichtes Grün im Fern Canyon, einem Tal im Prairie Creek Redwoods State Park. Unten: Diese Hirschart wurde nach einem Präsidenten benannt – der Roosevelt Elk (*Cervus canadensis roosevelti*). Rechts unten: Wanderung durch den dichten Wald des Humboldt Redwoods State Park.

ten nur selten ernsthaft geschädigt. Und falls doch, dann wachsen um den Stamm kreisförmig neue Ableger heraus, die das Wurzelsystem des alten Baumes mitbenutzen – eine Besonderheit unter den Nadelbäumen!

Rettet die Restbestände!

Da Redwoods Flachwurzler sind und keine Stabwurzeln ausbilden, können vor allem Trockenheit, Erosion und Stürme dem Baum gefährlich werden. Die größte Gefahr stellt jedoch der Mensch dar. Bereits in den 1870er-Jahren hatten die Eisenbahnbauer sein Holz verwendet, und nach dem Erdbeben von 1906 in San Francisco wurden die Wälder wegen des benötigten Baumaterials rigoros abgeholzt. Erst in den 1960er-Jahren regte sich Widerstand und die »Save the Redwoods«-Liga bewirkte 1968, dass die Regierung die geringen Restbestände unter Schutz stellte. Aufforstungsmaßnahmen haben mittlerweile dafür gesorgt, dass

beispielsweise im Humboldt County wieder 90 Prozent der Fläche von Wald bedeckt sind.

Bei der Reise durch die Redwoodwälder kann man einige Überraschungen erleben: So führt bei Leggett die Straße durch den Stamm des 96 Meter hohen Chandelier Tree. Nördlich von Garberville ragen an der knapp 50 Kilometer langen Avenue of the Giants mehrere Baumgiganten heraus.

Der Newton B. Drury Scenic Byway (ab Highway 101) quert den Redwood National Park fast in gesamter Länge. Immer wieder zweigen von dieser Route kürzere und längere Wanderwege ab, die tiefer in den Wald hinein oder zum Pazifik führen. Im etwas abgelegenen Tall Trees Grove am Redwood Creek südlich der Ortschaft Orick befindet sich schließlich der größte bekannte Redwood Tree mit rund 112 Metern Höhe, 13,5 Metern Umfang und einem Alter von angeblich 600 Jahren.

UNTERWEGS IM WALD DER GIGANTEN

Idealer Ausgangspunkt für Wanderungen in den »Wald der Giganten« ist die Ortschaft Orick, die mitten im Redwood National Park liegt. Wenige Kilometer nördlich von Orick beginnt der Newton B. Drury Scenice Byway, eine beliebte Route durch den Park. Sie führt am Prairie Creek Visitor Center, einem der Besucherzentren, und an einigen Baumgiganten vorbei. Insgesamt gibt es fünf Besucherzentren, das Kuchel Visitor Center am Highway 101 südlich von Orick sollte als größtes der erste Anlaufpunkt sein. Die Parkranger bieten Kartenmaterial, Vorträge und Infoveranstaltungen an.

WEITERE INFORMATIONEN

Redwood NP:
www.nps.gov/redw, freier Eintritt
Übernachten: Ideale Standorte für die Erkundung der Region sind die Hafenstädtchen Eureka und Cresent City sowie das malerische Ferndale.
Infos dazu unter: http://redwoods.info

12 Lassen Volcanic National Park

Brodelnde Erde im »anderen« Kalifornien

Im Nordosten präsentiert sich Kalifornien völlig anders als im Süden: Geothermische Quellen und Seen, Schlammlöcher und Fumarolen formen die bizarre Szenerie des Lassen Volcanic National Park. In der als »Shasta Cascade« bekannten Region wird man in die Frühzeit der Erdgeschichte zurückversetzt. Über allem thront der 3187 Meter hohe Lassen Peak, auch »Mount Lassen« genannt, einer der noch immer aktiven Vulkane der Cascade Range.

Oben: Heiße Dämpfe, die aus dem Inneren der Erde treten, sind im Lassen Volcanic National Park – hier an »Bumpass Hell« – eine der Attraktionen. Unten und rechts unten: Blubbernde Schlammlöcher und heiße Schwefelquellen verteilen sich über das ganze Areal des Lassen Volcanic National Park.

Der Landstrich zwischen den Küstenbergen und der Cascade Range, einer Bergkette, die sich in Nord-Süd-Richtung vom Nordwesten der USA bis zur Sierra Nevada erstreckt, ist selbst für die meisten Kalifornier ein Buch mit sieben Siegeln. Dabei ist dieses »andere« Kalifornien ungeheuer vielseitig und bietet Hochgebirgskulisse, Vulkanlandschaften, warme Quellen und Wasserfälle, Seenlandschaften und Wüstenregionen.

Die Region Shasta Cascade umfasst fast 78 000 Quadratmeter, mehr als ein Fünftel der Gesamtfläche Kaliforniens, und dennoch hält sich der Besucherandrang in Grenzen. Selbst der Lassen Peak und der sich ringsum ausdehnende Lassen Volcanic National Park ist mit rund 400 000 Besuchern jährlich ein wenig bekanntes Juwel. Vor allem das Areal um das städtische Zentrum Redding wird unter Outdoor-Fans, Wassersportlern, Wanderern, Bikern und Kletterern als heißer Tipp gehandelt.

Der Ring of Fire

Die Vulkane der Cascade Range reihen sich parallel zur Küstenlinie auf und bilden einen Teil des pazifischen Vulkangürtels, des »Ring of Fire«. Die Vulkane entstanden dort, wo die Juan-de-Fuca-Platte, eine Teilscholle der pazifischen Platte, auf die westwärts driftende nordamerikanische Platte trifft. Die Juan-de-Fuca-Platte reicht von Vancouver Island bis etwa 200 Kilometer nördlich von San Francisco.

Der letzte große Ausbruch des oft fälschlich als »Mount Lassen« bezeichneten Vulkans liegt zwar mehrere Jahrzehnte zurück, doch gelegentlich aufsteigender Rauch deutet an, dass es unter der Oberfläche immer noch brodelt. Zwischen 1914 und 1921 sorgte der Lassen Peak für Aufsehen: Er spukte rund 300 Mal und blies 1915 eine Aschewolke elf Kilometer in den Himmel. Asche und Bimsstein regneten damals auf das gesamte Umland – ein Szenario, das der Fotograf

Benjamin F. Loomis auf Glasplatten-Negativen und Fotoprints festhielt. Ihm zu Ehren entstand ein Museum am Nordausgang des Nationalparks.

Landschaft von seltsamem Reiz

Noch während der aktiven Phase wurde das Vulkangebiet im Jahr 1916 auf 446 Quadratkilometern als Nationalpark ausgewiesen. Heute beschäftigen sich dort ganze Scharen von Wissenschaftlern mit der Erforschung des Vulkanismus. In den Verwerfungszonen rumort es noch immer, allerdings handelt es sich »nur« um Wasserdampf: Grundwasser kommt mit heißem Tiefengestein in Berührung und steigt auf. Als heiße Quellen und blubbernde Schlammlöcher treten sie an die Oberfläche, besonders gut erkennbar entlang der Lassen Peak Road. Die spektakulärsten Stellen heißen »Sulphur Works« und »Bumpass Hell«.

Die aktiven Vulkane haben eine Landschaft von eigenem Reiz geformt. Speziell im Westen erheben sich abgesehen vom Lassen Peak weitere Vulkankegel, dazwischen breiten sich Lavamulden, Fumarolen, heiße Quellen, Seen und eine vielfältige Tier- und Pflanzenwelt aus. Den schlechter erschlossenen Ostteil charakterisiert hingegen eine mondartige Lava-Landschaft.

Einst wurden die warmen Quellen, die Seen und Wälder von den im Umkreis des Vulkans lebenden *Native Americans* als »Sommerfrische« geschätzt, doch diese Zeiten waren mit dem Auftauchen der ersten Weißen vorbei. Peter S. Ogden und Jedediah Smith hatten die Gegend in den 1830er-Jahren erkundet. Erstmals um 1840 tauchte der Lassen Peak als »Mount Saint Joseph« auf einer Karte auf. Es waren Pioniere wie John Bidwell und Peter Lassen – der Namensgeber von Park und Peak –, die länger blieben. Lassen erwarb 1844 Grund und baute eine Ranch. Um Siedler, die auf dem Oregon Trail nach Westen zogen, zum Bleiben zu überreden, verteilte er ab 1846 Landrechte und führte selbst einen Siedlertreck 1848 auf dem Lassen Trail in die Region.

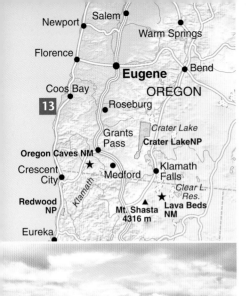

13 | Oregon Coast

Am Rand des Universums

Eine Landschaft zwischen wildromantisch und dramatisch, abgelegen und doch von ungeheurer Anziehungskraft – das ist die Pazifikküste zwischen San Francisco und der kanadischen Grenze. Kenner lieben die Oregon Coast: Klippen mit einsamen Leuchttürmen, kleine Fischerorte, versteckte Künstlerkolonien, herrliche Strände und Sanddünen lassen am »Edge of the Universe« eine ganz besondere Stimmung aufkommen.

Über rund 640 Kilometer folgt der Pacific Coast Highway der Küste Oregons und gibt dabei den wohl spektakulärsten Auftritt auf der rund 2500 Kilometer langen Gesamtroute zwischen Los Angeles und Seattle. Namen wie »Devil's Punch« oder »Cape Foulweather« deuten die Rauheit der 640 Kilometer langen Küste an: Riesige Monolithe, fjordartige steile Buchten, baumbestandene Sanddünen, Klippen, aber auch flache einladende Strände, bis ans Meer reichende Wälder und wilde, unberührte Naturparks bilden die eindrucksvolle Kulisse vor dem sich endlos ausbreitenden Pazifik.

»On the Edge of the Universe«, am Rande des Universums, so fühlt man sich, wenn man an einem der zahlreichen Aussichtspunkte entlang der Küste, beispielsweise auf dem Strawberry Hill, steht und hinausblickt. Nussschalengroße Fischerboote sind zu sehen, die großen Schiffe halten sich von der zer-

klüfteten Küste fern. Zwar senden mehrere Leuchttürme Warnsignale an die Seefahrer, dennoch liegen schon mehr als 200 Schiffswracks in Küstennähe. Wer sich zur richtigen Zeit, im Spätherbst oder im zeitigen Frühjahr, an der Oregon Coast aufhält, wird Zeuge eines beeindruckenden Naturschauspiels: der Zug der Wale hinauf in den Norden zu ihrer Sommerheimat Alaska und zurück.

Im Land der wilden Flüsse
Der Küstenabschnitt zwischen Crescent City (Kalifornien) und der südlichen Oregon Coast wird auch »America's Wild River Coast« genannt. Charakteristisch für die Region sind neben den Redwoodwäldern, die sich bis Brookings ausdehnen, die reißenden Bergflüsse. Ströme wie der Smith, Chetco, Pistol, Rogue oder Elk River versetzen Kajakfahrer und Rafter ins Paradies. Das Fliegenfischen nach Lachs und Steelheads, einer wandernden Regenbogenforellenart, ist hier

Oben: »Little San Francisco of the Northwest« wird Astoria, das historische Hafenstädtchen an der Oregon Coast, genannt. Unten: Malerische, unbebaute Pazifikstrände – davon gibt es an der Oregon Coast genügend. Rechts: Viele Küstenabschnitte Oregons stehen unter Naturschutz, z.B. der Shore Acres State Park.

Philosophie und Freizeitbeschäftigung gleichermaßen. Die Wild River Coast beginnt am Nordrand des Redwood National Park am Klamath River und endet nördlich der Ortschaft Port Orford. Obwohl Oregons Südküste wegen der tropischen Temperaturen auch »Banana Belt« genannt wird, wachsen hier keine Bananen. Dafür ist die Region Hauptproduzent für die Zwiebeln der Easter Lilies – der stark duftenden Madonnalilien. Die warmen Temperaturen gehen auf den »Brookings Effect« zurück: Es handelt sich um eine Art Föhn, der besonders im Herbst und Winter auftritt, wenn Winde aus dem Landesinnern von den Küstenbergen in das Tal des Chetco River fallen und sich dabei erwärmen. Die Region um die sehenswerten Hafenstädtchen Gold Beach und Brookings ist aber auch bekannt für ein breit gefächertes Freizeit- und Kulturangebot, für Lachsreichtum und Austernfarmen sowie Beeren und Pilzen in den Wäldern.

Dünenvergnügen

Zwischen Coos Bay und Florence ist die Natur über rund 65 Kilometer die eigentliche Attraktion: Hier schieben sich zwischen die dichten Wälder des Hinterlandes und die Felsküste am Pazifik bis zu 150 Meter hohe Sanddünen, die als »Oregon Dunes National Recreation Area« unter Schutz stehen. Drei Areale stehen für einen ungewöhnlichen Freizeitspaß zur Verfügung: die abenteuerlichen Fahrten mit Dune Buggies (ATVs), offenen vierrädrigen Gefährten. Rasant wie in einer Achterbahn geht es in diesen Fahrzeugen mit Chauffeur steil die Dünen hinauf und im 90-Grad-Winkel wieder hinunter.

Dagegen wirkt Florence, die »City of Rhododendrons«, mit liebevoll restaurierter Altstadt und kleinem Fischerhafen wie ein Muster an Beschaulichkeit. Mehr über das Tierleben an der Küste verraten die Sea Lion Caves, etwa 20 Kilometer nördlich. Dort kann man in den von tosenden Wellen geformten Grotten eine Seelöwenkolonie aus nächster Nähe beobachten. Nicht weit von den Höhlen entfernt, markiert das Heceta Head Lighthouse die kurvige Kontur der Küste. Wegen seiner traumhaften Lage an der Steilküste gilt er als meistfotografierter Leuchtturm der USA und dient zugleich als Bed & Breakfast.

Anschauliche Informationen zu Seelöwen und anderen Tieren gibt es im Oregon Coast Aquarium in Newport. In dieser gelungenen Kombination von Aquarium, Zoo und Park tummeln sich in beispielhaft angelegten Habitaten und Aquarien Seeotter, Robben und Seelöwen sowie vielerlei Fische und Seevögel. Die Hafenstadt Newport steht aber nicht nur wegen des Aquariums auf der touristischen Landkarte: Hier ist mit der Rogue Brewery eine der besten Kleinbrauereien der USA ansässig.

Zentraler Ort des nördlichen Küstenabschnitts ist das Hafenstädtchen Lincoln City, bekannt für sein Outlet Shopping Center am Highway 101. Die andere Leidenschaft der Bewohner und ihrer Besucher gilt dem Drachensteigen. So wirbt Lincoln City mit dem Slogan »Kite Capital of the World«. Dem leiblichen Wohlergehen fühlt man sich in der Küstenstadt Tillamook verpflichtet. Hier laden gleich zwei Käsereien am Highway zum Test ein: die kleine Blue Heron French Cheese und die große Tillamook Cheese

Oben: Der Cannon Beach und der markante Haystack Rock sind beliebte Fotomotive an der Oregon Coast. Mitte: Beach Volleyball ist nur eine von vielen Freizeitbeschäftigungen an Oregons Küste. Unten: Im sehenswerten Oregon Coast Aquarium in Newport. Rechts unten: Der berühmteste Leuchtturm der Oregon Coast – Heceta Head Lighthouse.

Factory. Um die Geschmacksnerven geht es auch in Bay City. Der Ort ist ein Zentrum der Austernzucht, in diversen Restaurants werden fangfrische handtellergroße Austern serviert. Cannon Beach schließlich verdankt seine Faszination den Felsnadeln und einem der mächtigsten Küstenmonolithen der Welt: Der 72 Meter hohe Haystack Rock ragt direkt aus dem Pazifik auf und erfreut Fotografen und Paraglider.

»Little San Francisco of the Northwest«

Auch an historisch interessanten Orten fehlt es nicht an Oregons Pazifikküste: Astoria wird »Little San Francisco of the Northwest« genannt. Nachfühlen kann es jeder, der vorbei an liebevoll restaurierten viktorianischen Wohnhäusern die steilen Sträßchen hinauf zum höchsten Hügel, dem Coxcomb Hill, erklommen hat. Von hier bietet sich ein spektakulärer Ausblick über das Mündungsgebiet des Columbia River. Nach dem Vorbild der Trajanssäule in Rom ist die fast 40 Meter hohe Astoria Column errichtet und mit 14 Szenen aus der Stadtgeschichte bemalt worden.

Im Jahr 1811 war der Ort als erste dauerhafte amerikanische Siedlung westlich des Mississippi gegründet worden. Im Auftrag des deutschstämmigen Kaufmanns Johann Jacob Astor entstand an der Mündung des Columbia River eine Pelzhandelsstation. Der Grenzfluss zwischen Oregon und Washington ist bis heute ein wichtiger Transportweg. Am 7. November 1805 erreichte hier das Expeditionscorps der US-Offiziere Meriwether Lewis und William Clark eineinhalb Jahre nach ihrem Aufbruch aus St. Louis endlich das Ziel ihrer Forschungsreise, den Pazifik. Als erste Amerikaner hatten sie den Nordwesten im Auftrag des Präsidenten durchquert und standen nun staunend, ähnlich wie der heutige Besucher, am Pazifischen Ozean.

OREGONS SOUTH COAST

Den südlichen Küstenabschnitt Oregons erleben viele Reisende nur im Vorbeifahren, dabei gibt es eine Menge zu entdecken. In Brookings sind der Acalea Park und der Alfred A. Loeb State Park am Chetco River sehenswert, in Gold Beach lädt der traumhafte und wenig besuchte Strand zum Verweilen ein. Hier mündet der Rogue River, dem man ins kaum erschlossene Hinterland folgen kann, etwa via »Mailboating«: Die historischen Postboote transportieren heute Touristen den Fluss hinauf. Gute Übernachtungsmöglichkeiten bietet das Pacific Reef Resort (www.pacificreefresort.com) in Gold Beach, besonders atmosphärisch in den Cottages mit Meerblick. In Pistol River, südlich von Gold Beach, betreibt Russ Walker einen Reitstall und begleitet Ausritte entlang der Küste (www.siskiyouwest.com/hawk's_rest_ranch.htm).

WEITERE INFORMATIONEN

Oregon: Travel Oregon, c/o Wiechmann Tourism Service, Scheidswaldstr. 73, D-60385 Frankfurt/Main, Tel. 069/25 53 82 40. www.traveloregon.com bzw. www.traveloregon.de
Oregon Coast: http://visittheoregoncoast.com/activities; http://southernoregon.org

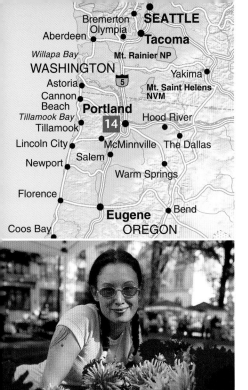

14 Portland

Stadt der Bücher, Biere, Fahrräder und Blumen

Es sind nicht zwangsläufig Sehenswürdigkeiten und Museen oder Lage und Landschaft, die eine Stadt zu einem beliebten Reiseziel machen. Es können auch der Lebensstil, die Atmosphäre oder das Flair sein. Genau das sind die Stärken von Portland, der »City of Books, Beers, Bikes and Blooms«. Die liberale Nordwest-Metropole ist die größte Stadt Oregons und sein wirtschaftliches Zentrum.

Oben: Nicht nur Blumen werden auf dem Portland Farmers Market im Stadtzentrum feilgeboten. Unten: Powell's Bookshop in Portland gilt als der größte Buchladen der Welt. Rechts unten: Blick vom Willamette River auf die moderne Skyline von Downtown Portland. Rechts oben: Portland gilt als Mekka für Bierfreunde.

Was sich hinter dem Spitznamen mit den vier B's verbirgt, ist schnell erklärt. In der »Stadt der Superlative« – so ein weiterer Beiname Portlands – befindet sich der größte Buchladen der USA, wenn nicht der Welt: Powell's City of Books. Außerdem gibt es hier mehr Brauereien und Kneipen als in jeder anderen Stadt: 2011 waren es allein 40 Brauereien. Damit lebt kein Einwohner Portlands mehr als zehn bis 15 Minuten von einem Brew Pub oder einer Brauerei entfernt.

Seit der Anlage des International Rose Test Garden im Jahr 1917 bezeichnet sich Portland zudem gern als »City of Roses«. Dieser älteste Rosengarten Nordamerikas befindet sich ebenso wie ein Japanischer Garten im Washington Park. Auf dem weitläufigen, auf einer Anhöhe gelegenen Areal sind außerdem ein kleiner, aber vorbildlicher Zoo, ein Arboretum und ein informatives Kindermuseum untergebracht. Trotz seiner Größe von 52 Hektar nimmt der Washington Park nur einen Teil von insgesamt

15 000 Hektar ausgewiesenen Parkflächen im Stadtgebiet ein.

Und die Fahrräder? Sie sind das bevorzugte Verkehrsmittel, weil sich Portlands Innenstadt auf diesem Wege bestens erkunden lässt. Auch das dichte Bus- und Straßenbahnnetz liefert ein gewichtiges Argument gegen die Stadterkundung per Auto.

Die anderen Superlative teilen sich der größte amerikanische Freiluftmarkt, der Portland Saturday Market, die zweitgrößte Kupferstatue der Welt, die Portlandia, der größte Sportartikelhersteller der Welt (Nike) und die Portland Trail Blazers, eine der Traditionsmannschaften der Basketball-Profiliga NBA.

Innenansichten einer spannenden Stadt

Idealer Startpunkt für eine Erkundung der Innenstadt ist der zentrale Pioneer Courthouse Square, »Portlands gute Stube« und allgemeiner Treffpunkt. Nicht weit entfernt liegt das Oregon History Center, ein Museum zu Oregons Ge-

schichte von der Frühzeit bis heute. Auch die Werke regionaler Künstler werden hier ausgestellt. An der Museums-West- und Südwand schuf der Künstler Richard Haas in Trompe-l'œil-Technik im Jahr 1989 beeindruckende Wandbilder. Sie zeigen die Lewis-Clark-Expedition einerseits und die historische Entwicklung Oregons andererseits.

Gleich gegenüber steht eines der besten Kunstmuseen des Westens: das Portland Art Museum mit Filminstitut und Skulpturengarten. Besonders interessant ist die Abteilung zu Kunst und Kunsthandwerk der *Native Americans* sowie das Center for Modern and Contemporary Art, daneben laufen immer wieder hochkarätige Wechselausstellungen.

An das moderne Downtown schließen sich wie kleine Inseln Old Town, Yamhill und der Skidmore District an. Hier bildet Chinatown eine exotisch-lebhafte asiatische Enklave, außerdem findet an Wochenenden der berühmte Portland Saturday Market statt. Old Town lohnt wegen seiner historischen Bauten nicht weniger als das in seiner Art einmalige American

Advertising Museum, in dem es um die Geschichte der Werbung geht. Entlang des Willamette River zieht sich der Waterfront Park mit dem Oregon Maritime Center & Museum hin. Am gegenüberliegenden Ufer, weiter südlich gelegen, ist das Oregon Museum of Science & Industry (OMSI) eine ideale Anlaufstelle für Familien. Das fünftgrößte Wissenschaftsmuseum der USA fasziniert mit interaktiven Ausstellungsstücken und einem historischen U-Boot.

Das Herz des »jungen« Portland

Der Pearl District, ursprünglich ein Lagerhausbezirk, hat sich in den letzten Jahren zum In-Viertel mit Boutiquen, Galerien, Lokalen und Microbreweries entwickelt. Doch das Leben pulsiert auch in anderen Teilen der Stadt, zum Beispiel im westlich der Innenstadt gelegenen Nob Hill, wo sich das »junge« Portland um die 23rd Street zwischen Burnside und Lovejoy Street amüsiert. Jenseits des Willamette River hat vor allem das Areal um den Hawthorne Boulevard enorm an Attraktivität zugelegt.

REINE GESCHMACKSSACHE

Im US-Bundesstaat Oregon und in dessen größter Stadt Portland ist Bier nicht einfach Bier und erst recht hat dieser Gerstensaft nichts mit den dünnen Standardgebräuen der Großproduzenten zu tun. In Portland gibt es mehr Brauereien und Kneipen als in jeder anderen Stadt der Welt. Empfehlenswerte Sorten brauen zum Beispiel BridgePort, Lucky Labrador, Full Sail Brewing oder die Widmer Brothers Brewing Company. In der »Oregon Brewers Guild« zusammengefasst, unterwerfen sich die »Micro« und »Craft Breweries« freiwillig dem Motto »Quality and Integrity«, das dem bayerischen Reinheitsgebot entspricht. Allgemeine Informationen bietet www.oregonbeer.org.

WEITERE INFORMATIONEN

Oregon: www.TravelOregon.de
Portland: Travel Portland Visitor Information Center, 701 SW 6th Ave., Pioneer Courthouse Square, Tel. 503/275 83 55, www.travelportland.com
Übernachten: Empfehlenswerte (historische) Hotels sind z.B. unter www.governorhotel.com, www.heathmanhotel.com oder www.vintageplaza.com zu erreichen.

15 | Olympic National Park

Wellen, Wälder und Berge

Schneebedeckte Berge, dichte Wälder, klare Flüsse, türkisfarbene Buchten und menschenleere Sandstrände machen die Olympic Peninsula zum Naturparadies. Vom Mount Olympus überragt, erstreckt sich das Schutzgebiet fast über die gesamte Halbinsel. Sie reicht von der Pazifikküste im Westen, der Meerenge Strait of Juan de Fuca – sie trennt Kanada und die USA voneinander – im Norden bis zum Puget Sound im Osten.

Oben: Im Olympic National Park stehen unberührte Gebiete des nördlichen Regenwaldes unter Schutz. Rechts unten: »Sea stacks« heißen die markanten Felsgebilde am Rialto Beach im Olympic National Park.

Als der britische Seefahrer John Meares 1788 das schneebedeckte Massiv auf der Halbinsel im Nordwesten erblickte, fühlte er sich anscheinend an die Heimat des antiken Göttervaters erinnert und nannte den Gipfel »Mount Olympus«. 1909 erklärte Präsident Theodore Roosevelt große Bereiche um den Berg zum »National Monument«. Anlass dafür war in erster Linie persönliches Interesse: Er wollte die vom Aussterben bedrohten, nach ihm benannten Roosevelt-Hirsche unter Schutz stellen. 1938 wurde das Gelände vergrößert und zum »National Park« erhoben. Der gut 370 000 Hektar große Park ist zwar relativ wenig besucht, aber ungeheuer vielseitig. Er vereint alpine Wildnis mit Sandstränden und Klippen und ist großflächig von nichttropischem Regenwald bedeckt.

Donnervogel und Nebelgeister
Die geheimnisvolle Welt des Regenwaldes lebt in den Geschichten und Mythen der Ureinwohner fort. Noch heute verehren Stämme wie die Makah den Thunderbird, den Donnervogel, der in einer Höhle am Gipfel des Mount Olympus leben soll. Dieser 2432 Meter hohe Berg dominiert die Region, auch wenn er sich oft in dicke Wolken hüllt. Wie Mount Rainier und Mount St. Helens verdankt er seine Entstehung der Reibung von amerikanischer und pazifischer Erdplatte. Modelliert durch eiszeitliche Gletscher und abgeschliffen von nacheiszeitlichen Erosionen, ziert seinen Gipfel eine leuchtend weiße Kappe ewigen Eises. Dieses bildet sich durch die hohen Niederschlagsmengen – fünf Meter Regen und zwölf Meter Schnee jährlich – ständig neu.
Wie nah der Himmel der Erde sein kann, spürt man nirgendwo besser als auf der Olympic Peninsula, der Halbinsel, die sich zwischen den Puget Sound mit der Metropole Seattle und den Pazifik schiebt. Manchmal hängen hier die Wolken so tief herab, dass sie den Waldbo-

den zu berühren scheinen. Oder sind es nicht Wolken, sondern Nebelschwaden, die vom Pazifik herüberziehen? Haben die Sonnenstrahlen Nebel oder Dunst erst einmal aufgelöst, öffnet sich das einzigartige Panorama schneebedeckter Bergriesen, und dem undurchdringlich wirkenden Wald scheint Leben eingehaucht worden zu sein.

Feuerwerk der Farben
Im Hoh Rain Forest, an der Westseite des Naturparks, bildet der Regenwald ein beinahe mystisch erscheinendes grünes Dickicht mit Moosen und Pilzen, Sequoias, Tannen und Ahornbäumen. Am Hoh River existiert in Höhen zwischen 130 und 800 Metern einer der größten gemäßigten Regenwälder der Vereinigten Staaten auf einer Fläche von knapp 40 Quadratkilometern. Mit zunehmender Höhe und Trockenheit steigt der Anteil an Misch- und Nadelwäldern. Vom Hoh Rain Forest Visitor Center aus kann

man auch als ungeübter Wanderer auf zwei kurzen Rundwegen den Wald und seine Flora und Fauna kennenlernen. Vor Forks, dem zentralen Versorgungsort an der Westküste, zweigt eine Seitenstraße ab, die entlang des Sol Duc River westwärts zur Küste bei La Push führt. Hier, nördlich der Flussmündung am Rialto Beach, gibt die Küste mit ihren Klippen und Sandstränden auf rund 80 Kilometern Länge ein besonders reizvolles Bild ab. Bei Sonnenuntergang findet hier oft ein Feuerwerk der Farben statt. Hoch im Nordwesten der Peninsula liegen Neah Bay und die Makah Indian Reservation. Die einzige Lebensader der Halbinsel stellt der US Highway 101 dar, Teil des »Pacific Coast Highway«. Er passiert auch den wichtigsten Ort der Region, Port Angeles. Von dort führt eine Stichstraße zur 1600 Meter hohen Hurricane Ridge. Von dort oben bietet sich ein traumhafter Ausblick westwärts auf den Mount Olympus.

VOM MEERESRAUSCHEN IN DEN SCHLAF GEWIEGT

Das Spektrum an Übernachtungsmöglichkeiten ist breit – Hotels, Lodges und Campingplätze im Umfeld des Nationalparks konzentrieren sich in den Ortschaften an den Parkgrenzen wie Port Angeles, Forks oder Port Townsend. Besonders schön sind die Herbergen im Westen der Olympic Peninsula, vor allem wegen ihrer einsamen Lage direkt am Pazifik. In dieser Hinsicht unübertroffen ist die historische Kalaloch Lodge am US Highway 101 zwischen Queets und Roby Beach, nur wenige Schritte vom Pazifik entfernt. Es gibt außer »normalen« Zimmern im Haupthaus allein stehende, rustikale Cabins.

WEITERE INFORMATIONEN

Washington State: www.experiencewa.de und www.experiencewa.com
Olympic NP: www.nps.gov/olym sowie www.olympicnationalparks.com
Unterkunft: Kalaloch Lodge, www.olympicnationalparks.com/accommodations/kalaloch-lodge.aspx, Tel. 360-962 22 71.

16 Seattle

»Smaragdstadt« am Puget Sound

Am schönsten ist es, sich Seattle per Boot zu nähern. Erst recht, wenn die Sonne scheint – was entgegen dem Ruf der Stadt gar nicht so selten der Fall ist. Dann bildet der strahlend blaue Himmel den perfekten Hintergrund für die mächtigen Gipfel der Cascade Range mit dem 4400 Meter hohen Mount Rainier und für die glitzernde Stadt davor, dem kulturellen Zentrum des pazifischen Nordwestens.

Langsam nähert sich die Fähre der Küste, so als wollte sie den Besucher einstimmen auf die ungewöhnliche kleine Weltstadt, die sich da zwischen Puget Sound und Lake Washington ausdehnt. Allmählich nimmt das Glitzern und Funkeln von Glas und Stahl zu, bis sich die Silhouette von Seattle mit der himmelsstrebenden Space Needle aus dem smaragdgrün schimmernden Licht schält. Jetzt versteht man, wie die größte Stadt im Bundesstaat Washington zu ihrem Beinamen »Emerald City« kam und warum sie zu den attraktivsten Städten Nordamerikas zählt. Mit den verschiedenen Neighborhoods – beispielsweise Belltown, Capitol Hill, Queen Anne oder Fremont –, den engen Sträßchen, der historischen Architektur und den Ausblicken von den Hügeln erinnert Seattle ein bisschen an San Francisco.

Hauptsache entspannt
Die »Seattlites« gelten gemeinhin als etwas eigenartig und schrullig, als engagiert und tolerant und – als liberale Ei-

Oben: Seattles spektakuläre Skyline mit der Space Needle und dem schneebedeckten Mount Rainier im Hintergrund.
Unten: Seit 1907 lockt der Pike Place Public Market Einheimische wie Besucher an.
Rechts unten: Blick auf die Elliot Bay in Seattle und den Mount Rainier.

genbrötler. Soziales und politisches Engagement, Umweltschutz und Bioprodukte sind wichtige Bezugsgrößen im Leben der Einwohner. Von den vielen Zuwanderern der letzten Jahrzehnte kamen die meisten nicht, um reich zu werden, sondern um das Leben zu genießen.
Musik hat in Seattle Tradition: Jimmy Hendrix, Quincy Jones oder Ray Charles wurden hier geboren oder lebten hier, ebenso der Jazz-Musiker Kenny G. Bekannt ist Seattle aber vor allem wegen der alternativen Musikszene, die weltberühmte Bands wie Nirvana oder Pearl Jam hervorgebracht und den speziellen Seattle Sound, den »Grunge«, geschaffen hat. In jüngerer Zeit sorgen Bands wie The Presidents of the United States oder die Infernal Noise Brigade musikalisch für Aufsehen.

Auf Gold gegründet
Im November 1851 hatten Siedler aus Illinois eine Siedlung gegründet, die man später nach dem lokalen Indianerhäuptling »Sealth« nannte. Der Hafenplatz be-

60

gann zu florieren, allerdings machten ständige Überschwemmungen und Probleme mit der Kanalisation sowie ein großer Brand Ende des 19. Jahrhunderts den Bewohnern das Leben schwer. Von Anfang an war in Seattle, das von Wäldern umgeben war, die Holzindustrie bedeutend. Den eigentlichen Boom brachte jedoch die Eisenbahn. Die Northern Pacific Railroad wurde 1887 in Tacoma, südlich von Seattle, fertiggestellt und verband erstmals den Puget Sound mit dem Osten. Die Great Northern Railroad schloss fünf Jahre später Seattle selbst an. Große Aufregung gab es 1897. Damals erreichte der Dampfer »Portland« mit einer Ladung Gold aus dem hohen Norden, aus Klondike in Alaska, den Hafen – und löste einen Goldrausch aus, von dem Seattle als letzter wichtiger Umschlagplatz am meisten profitierte.

Stadt der Erfinder

Auch als Holzindustrie und Goldrausch Geschichte waren, konnte sich Seattle weiter wirtschaftlich behaupten. Ein Motor des Fortschritts war der Zuzug der Flugzeugindustrie, allen voran Boeing, bis heute Hauptarbeitgeber der Region.

Auch die Ausrichtung der Weltausstellung 1962 gilt als wichtige Triebfeder. Dass Seattle eine Stadt der Erfinder und Existenzgründer ist, zeigt sich auch an Namen wie Microsoft, UPS oder Starbucks. Howard Schultz hatte in den 1980er-Jahren eine Reihe lokaler Cafés erworben und innerhalb kürzester Zeit den Anstoß zur weltweiten Entwicklung der Café-Kette gegeben. Auch die Internetbuchhandlung Amazon und der Outdoor-Artikelhersteller Columbia sind in Seattle zu Hause.

Kaffee ist aber nur ein Duft, der beim Bummel über den 1907 eingerichteten Pike Place Public Market in die Nase steigt. Der älteste kontinuierlich betriebene Bauern- und Fischmarkt der USA ist Treff von Besuchern und Einheimischen. Am Pioneer Square, im Süden von Downtown, befindet sich die Wiege der Stadt und stehen die ältesten Gebäude. Die Überbleibsel aus der Zeit vor dem Brand, dem »Great Seattle Fire« von 1889, liegen unterhalb des heutigen Stadtniveaus. Darüber wurden die neuen Gebäude aus Stein und Ziegeln errichtet. Durch diesen historischen »Underground« werden Touren angeboten.

INSEL-HOPPING IM PUGET SOUND

Ein beliebtes Ausflugsziel, leicht per Fähre erreichbar, ist das Tillicum Village auf Blake Island. Dort informieren die lokalen Suquamish-Indianer über ihre Geschichte und Traditionen; es gibt indianische Spezialitäten und Kunsthandwerk. Im Norden des Puget Sound liegen die San Juan Islands, während Vashon Island von Seattle aus am schnellsten erreichbar ist. Die meisten Schiffe – Fähren und Schnellboote – legen vom Seattle Ferry Terminal an Pier 52 ab, auch Richtung Vancouver Island, Kanada.
Washington Ferries (Fähren zu den Inseln im Sound): www.wsdot.wa.gov/ferries
Argosy Cruises (Rundfahrten): www.argosycruises.com
Victoria Clipper (Vancouver Island): www.clippervacations.com

WEITERE INFORMATIONEN

Washington State Tourism, c/o. Wiechmann Tourism Service GmbH, Scheidswaldstr. 73, D-60385 Frankfurt/Main, Tel. 069/25 53 80.
www.experiencewashington.de, www.experiencewa.com
Seattle Visitor Center, 7th Ave./Pike St., Convention Center, Tel. 206/461 58 40. www.visitseattle.org

Oben: Wildblumenwiese im Paradise Valley im Mount Rainier NP. Mitte: Mit dem Camper unterwegs in den Naturlandschaften des Nordwestens. Unten: Atemberaubende Begegnung mit einem Elch im Rocky Mountain NP. Rechts: Zu den besonders grandiosen Bergkulissen der Rocky Mountains gehört die Teton Range, die sich hier im Snake River spiegelt.

Der Nordwesten

17 Mount Rainier National Park

Der »große weiße Berg«

Tahoma, Takhoma, Tehoma, Takober, Takoman – die Native Americans hatten viele Namen für den mächtigen Mount Rainier. Die Stämme in den östlichen Trockengebieten nannten den Berg eine »Brust, aus der das weiße Wasser stammt«, andere Völker sprachen hingegen vom »klaren Himmel«, da sie doch stets den Gipfel über den Wolken »tanzen« sahen. Bei so viel Poesie nimmt sich die Bezeichnung »Mount Rainier« fast ein wenig nüchtern aus.

Mount Baker, Mount Rainier, Mount Adams, Mount St. Helens und Mount Hood – nach einer Legende der Puyallup-Indianer geht die Entstehung dieser fünf mächtigen Gipfel auf »Doquebuth«, den großen »Veränderer«, zurück. Er soll einst seine fünf Schwestern in die Bergriesen der zum Ring of Fire gehörenden Vulkankette verwandelt haben. Sicher ist, dass 1792 mit dem englischen Kapitän George Vancouver der erste Weiße die Berge erblickte und den mächtigsten davon nach seinem Freund Admiral Peter Rainier benannte. Gut 100 Jahre später wurde das gesamte Gebirgsmassiv zum fünften Nationalpark der USA erklärt.

Eine herausragende Erscheinung
Der knapp 4400 Meter hohe Mount Rainier überragt alles; er erhebt sich 3300 Meter über das Tiefland im Westen. Auch in seiner Form unterscheidet er sich von anderen Vulkanen: Er ist nicht kegelförmig, sondern fällt durch eine abgerundete Spitze und zerfurchte Hänge auf. Der letzte große Ausbruch liegt mehr als 2000 Jahre zurück. Kleinere Eruptionen wurden zuletzt im 19. Jahrhundert registriert. Gelegentlich austretende, schmale Rauchsäulen über dem Gipfel zeigen jedoch an, dass der Vulkan noch aktiv ist.

Allein durch seine Höhe schafft der Mount Rainier ein spezifisches Kleinklima. Obwohl der Gipfel meist über die Wolken hinausragt und daher aus der Ferne gut sichtbar ist, bekommt man ihn im Park selbst nur selten zu sehen. Die Straßen verlaufen im bzw. unterhalb des Wolkenkranzes. Diese Wolken sind vom Berg gestoppte Meeresluftströmungen. Sie enthalten so viel Wasser, dass besonders die Region an der Südflanke im Winter durchschnittlich fünf Meter Schnee abbekommt. Kein Areal Amerikas außerhalb Alaskas weist so viele Gletscher und eine so große Eisfläche auf wie Mount

Oben: Pause mit Blick auf den Vulkan Mount St. Helens im Gifford Pinchot National Forest. Unten: Selten zu sehen sind die scheuen Mountain Goats (*Oreamnos Americanus*). Rechts unten: Blumenwiese im Paradise Valley vor der beeindruckenden Kulisse des Mount Rainier. Rechts oben: Chief Delvis Heath aus der Warm Springs Indian Reservation.

Rainier: fast 90 Quadratkilometer. Zum Vergleich: Im Glacier National Park sind nur 55 Quadratkilometer Fläche von Eis bedeckt.

Die Gipfel des »Feuerrings«

Der Mount Rainier ist der höchste Berg im »Ring of Fire«. Die Vulkankette der Cascade Range zieht sich von Nordkalifornien bis hinauf in die kanadische Provinz British Columbia. Die Vulkane dieses Küstengebirges reihen sich im Hinterland, parallel zur Pazifikküste, auf. Daher erhält das Hinterland von Nordkalifornien, Oregon und Washington sein typisches Aussehen mit Lavafeldern und Wäldern, ehe es im Osten in die Halbwüstenregionen des Great Basin bzw. des Columbia Plateau übergeht. Der gegenwärtig aktivste Vulkan des »Feuerrings« ist der Mount St. Helens. Vor wenigen Jahren stand er erneut angeblich kurz vor dem Ausbruch – um sich überraschend wieder zu beruhigen.

Man war dennoch gewarnt, denn im Frühjahr 1980 hatte der Vulkan nach nur 123 inaktiven Jahren über drei Milliarden Kubikmeter Lava, Asche, Gestein und Erde in die Atmosphäre geschleudert. Beim Ausbruch war die Asche gut 20 Kilometer hoch aufgestiegen. Bis in den Bundesstaat Montana war der Boden damals von einer grauen Schicht bedeckt gewesen, sogar in Europa gingen Staubpartikel nieder.

Schon im benachbarten Oregon liegt mit dem 3420 Meter hohen Mount Hood »Amerikas Matterhorn«. Seine Ähnlichkeit mit dem berühmten Schweizer Berg beruht auf der kantigen Spitze und auf der Tatsache, dass er im Winter, in höheren Lagen auch im Sommer, ein beliebtes Skigebiet abgibt. Deshalb sind der Mount Hood und der ihn umgebende National Forest bei den Städtern aus dem nahe gelegenen Portland zu jeder Jahreszeit ein gern besuchtes Wochenendausflugsziel.

WARMER EMPFANG

Südlich vom Mount Hood breitet sich die Warm Springs Indian Reservation aus. Das sehenswerte Museum at Warm Springs befasst sich mit Kultur und Geschichte der hier lebenden Stämme, Wasco und Wanapam vom Columbia River sowie Northern Paiute, die als die »Confederate Tribes of Warm Springs« organisiert sind. Wirtschaftliches Zentrum ist die Ortschaft Warm Springs, den wichtigsten Anlaufpunkt für Besucher markiert das Kah-Nee-Ta High Desert Resort & Casino. Das Hotel liegt auf Reservatsgrund in traumhafter Landschaft. Reiten und andere Freizeitaktivitäten stehen auf dem Programm, und im zugehörigen Chinook Room Restaurant werden lokale und indianische Spezialitäten serviert.

WEITERE INFORMATIONEN

Museum at Warm Springs, 2189 SR 26, www.museumatwarmsprings.org
Kah-Nee-Ta High Desert Resort, ca. 20 Kilometer nördlich von Warm Springs, http://kahneeta.com
Mt. Rainier NP: www.nps.gov/mora/index.htm, $ 15 Gebühr/PKW
Mt. Hood: www.mthood.org
Mt. St. Helens: www.fs.usda.gov/mountsthelens

Oben: Das ganze Jahr über sind die Gipfel der Cascade Range mit einer dichten Schneedecke überzogen. Unten: Paddeln auf dem Hosmer Lake vor der Kulisse der South Sister Mountains in Central Oregon. Rechts: Blick auf den Crater Lake. Die Region ist nur im Hochsommer ganz vom Schnee befreit.

18 | Crater Lake National Park

Zwischen Himmel und Hölle

Schon die Indianer, die einst um den Crater Lake lebten, sahen in dem leuchtend blauen Vulkansee etwas Mystisches, eine Schöpfung überirdischer Wesen. Nach ihrer Überlieferung soll Skell, der Geist des Himmels, den Berg Mazama zerstört haben. Dort lebte sein Widersacher Llao, der Häuptling der Unterwelt. Der Vulkan stürzte ein und ließ ein riesiges Loch zurück: den Crater Lake.

Wie der Lassen Peak gehört auch der Crater Lake im Süden des US-Bundesstaats Oregon zur Vulkankette der Cascade Range. Sie verläuft parallel zur Küstenlinie und ist Teil des Ring of Fire. Erst sachte, dann immer steiler, steigt der Highway 62 zum Crater Lake National Park an. Am Rim Village auf rund 2000 Metern Höhe erreicht die Straße den Rand der Caldera, des Kessels, der im Durchmesser neun Kilometer misst. Von hier aus öffnet sich ein spektakulärer Ausblick auf den 752 Quadratkilometer großen, fast kreisrunden und tiefblauen Kratersee.

Für die Indianer handelte es sich um einen heiligen Ort und sie lebten in der ständigen Furcht, dass Fremde die Ruhe stören könnten. Das geschah dann auch Mitte des 19. Jahrhunderts, als zunächst Goldgräber in die Region eindrangen und Siedler ihnen folgten und auch blieben. Damals, im Jahr 1869, tauchte erstmals der Name »Crater Lake« auf, aus der Feder von James Sutton, dem Herausgeber der Tageszeitung *Oregon Sentinel* in Jacksonville, einem Nest südwestlich des Vulkans.

Eine göttliche Explosion

Die Indianer erklärten die Entstehung des Crater Lake mit einem Kampf der Götter, der mächtig Staub aufgewirbelt haben soll. Wissenschaftler bestätigen, dass der letzte Ausbruch vor etwa 7000 bis 8000 Jahren eine unglaubliche Wucht gehabt haben muss. Dagegen war die Eruption des Mount St. Helens, die 1980 die ganze Welt vor dem Fernseher miterleben konnte, anscheinend nur ein kleineres Strohfeuer: 45-mal stärker soll der frühere Ausbruch gewesen sein. Eine mindestens 15 Zentimeter dicke Ascheschicht verteilte sich über eine Fläche von 13 000 Quadratkilometern, und selbst in drei kanadischen Provinzen konnten noch Aschespuren nachgewiesen werden.

Der 3600 Meter hohe Mount Mazama scheint von seinem Format her vergleichbar mit dem Mount Rainier südlich von Seattle gewesen zu sein. Die Katastrophe

Oben: Wanderer am Sparks Lake in Central Oregon. Mitte: Mit dem Fahrrad durch die Hochwüste von Central Oregon. Unten: Im Biergarten der Ten Barrel Brewing Company in Bend, Oregon. Rechts oben: Ein seltener Gast ist der Kiefernhäher im Crater Lake NP. Rechte Seite unten: Der Rogue River entspringt im wasserreichen Kaskadengebirge.

kündigte sich mit kleineren Ausbrüchen und Erdbeben an, dann zerbarst der gesamte Berg in einer gewaltigen Explosion und sackte um mehr als 1500 Meter in sich zusammen. Er hinterließ eine riesige Caldera, ein abflussloses Becken, das sich mit Wasser füllte und den See bildete. An seiner tiefsten Stelle misst der Crater Lake 590 Meter – das macht ihn zum tiefsten See Amerikas. Zwar kann man dem Gewässer nicht auf den Grund sehen, aber die gemessene Sichttiefe reicht bis 43 Meter hinab. Die beiden kleinen Vulkankegel im See – Wizard Island ragt 241 Meter aus dem Wasser heraus, der Merriman Vulkan liegt unter der Oberfläche – sind Folgen späterer Ausbrüche. Der Crater Lake wird ausschließlich durch Schmelz- und Regenwasser gespeist. Die Wasserqualität gehört zur besten in den Vereinigten Staaten.
Entlang dem Kraterrand verläuft der sogenannte Rim Drive auf etwa 2000 Metern Höhe über etwa 50 sehr kurvenreiche Kilometer. Eine komplette Umrundung dauert gut eine Stunde; inklusive Stopps an Aussichtspunkten und einer kurzen Wanderung ins Umland sind

mindestens drei Stunden zu veranschlagen. Im Westen erreicht man den Ausgangspunkt für die relativ leicht zu bewältigende Besteigung des 2440 Meter hohen Watchman, von dessen Gipfel sich ein grandioser Rundblick auf die Vulkan- und Waldlandschaft bietet. Im Norden des Sees kann man vom Rim Drive aus den kurzen Cleetwood Trail zum See hinunterlaufen. Im Sommer setzen am Ende dieses 3,5 Kilometer langen Pfades von Cleetwood Cove Boote nach Wizard Island über.

Lavagestein und dichte Wälder
In den unteren Lagen der Vulkanlandschaft breitet sich dichter Wald aus Fichten, Douglasien und Zedern aus. An der niederschlagsreicheren Westseite des einstigen Mount Mazama wachsen sogar Eichen, während die Ostseite weit trockener ist. Am Kraterrand kann man die eigenwillige Schönheit der von Stürmen fantastisch geformten und verkrüppelten Kiefern bewundern, in den Tälern hingegen, teils auch am Krater, blühen im Frühjahr und Sommer Wildblumen. Wapiti- und Maultierhirsche, Kojoten, Füchse und Marder, Murmeltiere und Stachelschweine leben im Hinterland, doch am interessantesten ist die Vogelwelt. Es soll nahezu 200 Arten geben, und besonders die Vielfalt und Menge an Raubvögeln – Adler, Habichte und Falken – ist ungewöhnlich. Wasservögel sind hingegen selten, da das steile Ufer des Sees weder Nahrung noch Brutplätze bietet.
Östlich des Crater Lake National Park erstreckt sich am Übergang zwischen Kaskadengebirge und wüstenartigem Columbia Plateau eine ausgedehnte Wald-

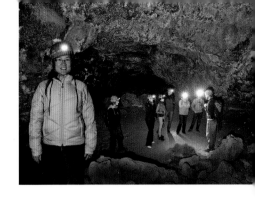

und Berglandschaft. Dazu gehört mit dem nördlich gelegenen »Newberry National Volcanic Monument« ein weiteres Vulkangebiet. Der ehemalige Mount Newberry ist wie der Mazama durch Eruptionen »abgetragen« worden. In seiner Caldera haben sich jedoch gleich zwei Seen gebildet: Paulina und East Lake. Augenfällig sind hier vor allem die dunklen Lavamassen, die entstanden, als die äußere, heiße Lava schnell erstarrte, während die innere weiter abfließen konnte.

Bend, das Tor zur Vulkanlandschaft

Bereits an der Ostseite der Kaskaden, am nordöstlichen Rand des Nationalparks gelegen, ist Bend das Tor zu zwei Welten: einerseits in die Vulkan- und Schneewelt der Vulkanberge, andererseits in die endlose Weite der Hochwüste des Columbia Plateau. Eine Vielzahl Tourveranstalter und Sportausrüster, Einkaufszentren wie die renovierte Old Mill, Holzfabriken und Industriebauten bestimmen den ersten Eindruck von der Stadt.

In der Innenstadt wechseln sich Boutiquen mit, Cafés und Kneipen ab. Der Pub der lokalen Deschutes Brewery ist abends gut besucht und auch in der »Bendistillery« wird dem Gin und Wodka aus eigener Produktion zugesprochen. Malerische Mitte der Stadt ist der Riverside Park an einer Biegung des Deschutes River. Von ihm leitet sich der Ortsname ab: »Farewell Bend«. »Auf Wiedersehen, Flusskurve«, soll ein abreisender Siedler gerufen haben; ein Postbote hat den Namen später zu »Bend« verkürzt.

Am südlichen Stadtrand von Bend liegt das High Desert Museum (www.highdesertmuseum.org). Hier dreht sich alles um Flora und Fauna, Geografie und Geologie der Halbwüste, die sich östlich der Kaskaden auf dem Columbia Plateau ausbreitet. Daneben steht die Geschichte der Indianer und der ersten Siedler, Holzfäller und Goldsucher im Mittelpunkt. Ein Rundgang über das Freigelände führt vorbei an einer rekonstruierten Sägemühle und einer Ausstellung über die Veränderung der Wälder durch das Eingreifen der Menschen.

WANDERLUST

In Bend betreiben David und Aleta Nissen ihr Unternehmen »Wanderlust« und bieten interessante Touren unter dem Slogan »Discover what's around this Bend!« an. Besucher erhalten ungewöhnliche Einblicke in die Bergwelt der Kaskaden mit ihren Seen und durch die Vulkane entstandenen Höhlen. Im Angebot stehen diverse Kanu- und Kajak-, Schneeschuhtouren, aber auch Höhlen- und Vulkanführungen unter qualifizierter Leitung und für alle Leistungs- und Altersstufen.
Wanderlust Tours,
www.wanderlusttours.com,
Tel. 541/389 83 59 oder
1-800/962 28 62 (gratis).

WEITERE INFORMATIONEN

Crater Lake NP: www.nps.gov/crla, $ 10/Pkw.
Parkunterkünfte und Campingplätze: www.craterlakelodges.com
Newberry NVM: www.fs.fed.us/r6/central-oregon/newberrynvm/index.shtml, $ 5/Pkw.
Visit Bend, 750 NW Lava Rd., Tel. 541/382-8048. www.visitbend.com
Central Oregon Visitors Ass. (COVA): 661 SW Powerhouse Dr., Bend, Tel. 1-800/800-8334. www.VisitCentralOregon.com

Oben: Painted Hills im John Day Fossil
Beds National Monument.
Unten: Der Wilde Westen lebt – hier in
Fossil im Hinterland Oregons.

19 Eastern Oregon

In den »Blauen Bergen«

Kaum hat man die dichten, kühlen Wälder der Kaskadenberge südlich
des mächtigen und selbst im Sommer schneebedeckten Mount Hood
hinter sich gelassen, kommt unvermittelt eine warme Brise auf. Die Luft
duftet nach Wacholder und Salbei. Die Landschaft öffnet sich und der
Reisende steht unvermittelt vor einer unendlich erscheinenden Weite.

Oregon ist bekannt für seine spektakuläre Pazifikküste, den »Garten
Eden« im Willamette-Tal, die »grüne Metropole« Portland und die Kaskadenberge mit Mount Hood oder Crater Lake.
Östlich der Kaskaden zeigt der Bundesstaat Oregon jedoch ein völlig anderes
Gesicht. Das Land zwischen den schneebedeckten Bergketten der Blue Mountains und den Hochwüsten des Columbia
Plateau ist überraschend vielseitig –
kaum besiedelt und ländlich, mit kleinen,
malerischen Ortschaften und Städtchen,
aber ohne Metropolen und Supersights.
Auch die Bevölkerung unterscheidet sich
von den übrigen Oregonians: bodenständig und auf den ersten Blick ver-
schlossen, aber gastfreundlich und hu-
morvoll.

Reise durch die Zeiten

Doch nicht nur das Maß an Attraktionen
ist hier ein anderes, auch die Uhren
scheinen langsamer zu ticken. Das zeigt
sich auf den kurvenreichen Straßen im
Hinterland, zum Beispiel dem »Journey
through Time Scenic Byway«, der in der
Tat einer »Reise durch die Erdgeschichte«
gleichkommt. Die Route führt durch eine
faszinierende Landschaft. Der Horizont
dehnt sich unendlich weit, hochwüsten-
artige Ebenen wechseln mit engen
Schluchten ab, die an den amerikanischen Südwesten erinnern, beispielsweise entlang des John Day River.
Am 460 Kilometer langen Scenic Byway
liegen beschauliche Orte wie Condon,
Fossil oder John Day. Die kurvenreiche
Fahrt führt durch eine reizvolle Landschaft, durch dünn besiedeltes und
heute von Rinderzucht und Getreidean-
bau geprägtes Land. Idyllische Beispiele
für »Small Town America« – Orte ohne
Fastfood, Supermärkte, Verkehr und Hektik, dafür mit Tante-Emma-Läden, Hei-
matmuseen und liebevoll restaurierten
historischen Bauten.
Für Geologen und Paläontologen ist die
Region ein faszinierendes Forschungs-
gebiet. Das dreiteilige John Day Fossil Beds
National Monument gewährt tiefe Einblicke in die Erdgeschichte seit dem Tertiär
– als die weltweit einzige Region, die die
komplette Flora und Fauna dieses Erd-

zeitalters aufweist. Wer selbst nach Fossilien suchen möchte, kann das in der Ortschaft Fossil tun, wo das Oregon Paleo Lands Institute ein kleines Museum unterhält.

»Let'er buck!«

Das städtische Zentrum des Nordostens von Oregon heißt Pendelton. Alljährlich im September verwandelt sich das Provinzstädtchen während des Round-up, eines der bedeutendsten Rodeos in Nordamerika, in ein Wildwest-Tollhaus. 1909 war zur Ablenkung vom harten Alltag ein Fest ins Leben gerufen worden. Seitdem findet das Event mit Mustang-Zureiten, Pferderennen und anderen Cowboy-Belustigungen regelmäßig statt. Dass es sich beim Pendleton Round-up um kein gewöhnliches Rodeo handelt, dafür sorgen die *Native Americans*, genauer, die Confederated Tribes – Umatilla, Cayuse und Walla Walla –, deren Reservation sich nahe der Stadt befindet.

Sie feiern parallel zu den Paraden, Miss-Wahlen und Tanzwettbewerben eines der größten Powwows im Westen. Über seine Bedeutung als Reit- und Tanzplatz hinaus hat Pendleton aber noch mehr zu bieten: zum einen das Tamastslikt Cultural Institute, eines der besten Indianermuseen im ganzen Westen, und zum anderen die Pendleton Woolen Mills. Die farbenprächtigen Decken, Stoffe und Kleidungsstücke sind ein Exportschlager Oregons in alle Teile der USA. Eine weitere Attraktion sind die »Underground Tours« durch den Historic District, das vormalige Rotlicht-Viertel.

Über die »Blauen Berge«

Die Autobahn (I-80) zwischen den »Metropolen« des Ostens, Pendleton und Baker City, zählt zu den Traumrouten Oregons. Gemächlich windet sich die Straße in weiten Kehren von der Hochwüste hinauf in die Blue Mountains, die »Blauen Berge«. Dabei hat man einerseits den

Links unten: Der John Day River schlängelt sich durch fast menschenleere Landschaft. Oben: Ausritt auf der Wilson Ranch nahe Fossil, Oregon. Mitte: Das Grab des Nez-Perce-Häuptlings Old Joseph in Ost-Oregon. Unten: Ranchalltag auf der Wilson Ranch. Nachfolgende Seite: Blick über die Wallowa Mountains in Eastern Oregon.

71

IN CHIEF JOSEPHS LAND

Inzwischen sind Nachkommen der damals vertriebenen Indianer zurückgekehrt und besitzen im Wallowa-Tal nicht nur Land, sondern richten hier alljährlich als Teil der Chief Joseph Days (www.chiefjosephdays.com) ein Powwow aus. Eine gute Übernachtungsgelegenheit bietet das Bronze Antler B&B (www.bronzeantler.com) in Joseph. Das Geiser Grand Hotel (www.geiser grand.com) in Baker City und das Hotel Condon (www.hotelcondon.com) in Condon sind liebevoll renovierte historische Hotels, die auch Restaurants betreiben. Wer einmal Cowboy auf Zeit sein möchte, ist auf der Wilson Ranch (www.WilsonRanchesRetreat.com), einer »working cattle ranch«, perfekt untergebracht.

WEITERE INFORMATIONEN

Eastern Oregon: www.eova.com
John Day Fossil Beds NM:
www.nps.gov/joda
Pendleton und Pendleton Round-up:
www.pendleton.or.us; http://pendleton
roundup.com
Tamástslikt Culture Institute: www.tci
museum.com
Oregon Trail Interpretive Center:
www.blm.gov/or/oregontrail

fast 2000 Meter hohen Mount Emily, andererseits die bis zu 3000 Meter hohen Gipfel der mächtigen Wallowa Mountains vor Augen.

Baker City liegt am sogenannten Oregon Trail, jenem Siedlerweg aus dem 19. Jahrhundert, der vom Missouri über die Prärie und die Rocky Mountains in den Nordwesten führte. Am Ortsrand erinnert das Oregon Trail Interpretive Center eindrucksvoll an jene Siedlerzüge. Im Fels sind sogar noch alte Wagenspuren zu erkennen.

In der Heimat von Chief Joseph

Folgt man von Baker City dem sogenannten Hells Canyon Scenic Byway hinein in die Wallowa Mountains, versteht man die Wut der Nez-Perce-Indianer über ihre Vertreibung. Der legendäre Häuptling Chief Joseph führte die Flucht durch vier Bundesstaaten und über

2400 Kilometer an, bis die Indianer im Oktober 1877 kapitulierten. In ihr gelobtes Land kehrten sie nicht mehr zurück. Dort erhebt sich eine gewaltige Bergkulisse – »Little American Alps« genannt –, im Südwesten des Tals, während auf der anderen Seite die Hochwüste beginnt. An dieser Stelle öffnet sich die Erde wie der Schlund zur Hölle: Hells Canyon nennt man die Schlucht, die sich der Snake River ins Columbia Plateau gegraben hat. Mit über 2400 Metern Tiefe handelt es sich um die tiefste Schlucht Nordamerikas.

Das Wallowa-Tal erinnert an einen Garten Eden mit Bächen und Seen, Wäldern und Wiesen. Hauptort des Tales ist das nach dem Nez-Perce-Führer benannte Joseph. Obwohl mit knapp 1300 Einwohnern eher klein, ist der Ort bekannt für seine Künstlergemeinde, für Ateliers und Bronzegießereien.

20 Sawtooth Mountains

Heimat eines Rastlosen

Die ersten Trapper, die es in die Bergwelt verschlagen hatte, fühlten sich beim Anblick der schroffen Gipfel an die Zähne eines Sägeblatts erinnert – und schon hatte die Bergkette im Nordosten von Boise, der größten Stadt Idahos, ihren Namen weg. Bekannt wurde sie vor allem wegen eines Mannes: Ernest Hemingway.

Wie die Sawtooth Mountains verdankt auch Boise seinen Namen umherziehenden Trappern: Die bewunderten einst die Bäume in der Talsenke und sprachen, da sie Franzosen waren, von »boisé«, einem »bewaldeten« Ort. 1863 als Minenort gegründet, wurde Boise 1890 zur Hauptstadt des neuen Bundesstaats Idaho. Dank des Goldrausches in den Sawtooth Mountains galt sie einst als größte Stadt im Nordwesten. Heute führt der Highway 21 als Scenic Byway von Boise durch die Sawtooth Mountains, die, wie viele andere Bergmassive der Rocky Mountains, durch die Gletscher der letzten Eiszeit geformt wurden. Auf der Fahrt lohnt ein Stopp am Galena Pass auf 2610 Metern oder am idyllischen Redfish Lake.

Die Berglandschaft um das südlich gelegene Sun Valley hat ihren eigenen Reiz, denn im Gegensatz zu den spitzen Sawtooth-Bergen wirken die Anhöhen sanft. Die Hänge sind von Wiesen bedeckt und kaum bewaldet; das nahe Wüstenklima macht sich bemerkbar. Das beliebte Skigebiet wurde durch Ernest Hemingway berühmt. Er schätzte die klimatisch wie landschaftlich günstige Lage und verbrachte viele Jahre im Sun Valley, oft am Tresen der Casino-Bar. Am 2. Juli 1961 hat er sich hier das Leben genommen und fand, wie seine Frau, auf dem Ortsfriedhof die letzte Ruhestätte.

Craters of the Moon National Monument

Südlich des Sun Valley ändert sich die Landschaft: Vor 15 000 Jahren begann hier die Erdkruste auf einer Länge von knapp 100 Kilometern aufzubrechen, das Great Riff entstand und ließ durch einen mächtigen Riss bis vor 2000 Jahren enorme Lavaströme austreten. Ein Gebiet von mehr als 200 Quadratkilometern erstarrter Lava ist am US Highway 20 als Craters of the Moon National Monument ausgewiesen. Der Namen rührt von der angeblichen Ähnlichkeit mit der Mondoberfläche her – dabei ist die Region nicht lebensfeindlich, sondern recht artenreich. Einen Bezug zum Mond gibt es trotzdem: Astronauten nutzten das Areal früher als Trainingsgelände.

Oben: Der Little Redfish Lake ist einer von unzähligen malerischen Bergseen in der Bergwelt der Sawtooth National Recreation Area im Herzen von Idaho. Unten: Mountainbiking gehört zu den beliebten Freizeitaktivitäten rund um den Redfish Lake in der Sawtooth National Recreation Area.

73

Im Zentrum von Idaho stößt man immer wieder auf die hier heimischen Nez-Perce-Indianer. Hier ein Tipi-Lager am Clearwater River nahe der Ortschaft Orofino.

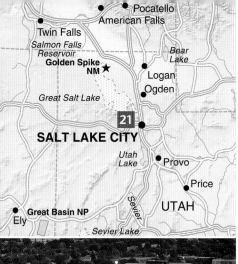

21 | Salt Lake City

»The City of the Saints«

»This is the Place!« Damals, im Jahr 1847, musste Brigham Young viel Fantasie besessen haben, als er beim Anblick der Wildnis zwischen den Wasatch Mountains und dem Great Salt Lake diesen Satz ausrief. Die »Heiligen der Letzten Tage« hatten ihr »Gelobtes Land« gefunden, und es gelang den Mormonen tatsächlich, der Wüste im Utah Valley ihr Paradies abzutrotzen.

Die Szenerie ist eindrucksvoll: Von fern glitzert die Skyline von Salt Lake City mit dem riesigen Mormon Temple in der hitzeflimmernden Luft des Hochplateaus. Im Osten erheben sich die schneebedeckten Berge der Wasatch Mountains. Hier fanden im Jahr 2002 die Olympischen Winterspiele statt, im Norden der Stadt weitet sich der riesige Salt Lake aus.

Allein wegen seines enorm hohen Salzgehalts, der nur vom Toten Meer übertroffen wird, ist der Große Salzsee ein Kuriosum. Die Wasserfläche, rund 4400 Quadratkilometer, variiert je nach Menge des zufließenden Wassers und nach dem Grad der Verdunstung, und das zieht wiederum Beeinträchtigungen für die Infrastruktur und Probleme mit der Bewässerung nach sich. Wegen der intensiven Sonneneinstrahlung schmolz der See in den vergangenen Jahren allein durch Verdunstung auf heute 117 Kilometer Länge zusammen. Dennoch bildet er die größte Seefläche westlich des Mississippi, allerdings mit einer Wassertiefe

von nur sechs bis zehn Metern. Gut zugänglich ist der Antelope Island State Park auf der größten Insel im Salt Lake. Sie trägt ihren Namen nach einer Antilopenjagd, die die Pioniere John C. Fremont und Kit Carson 1845 hier veranstaltet haben sollen. Die Insel bietet heute Antilopen, Bisons, Elchen, Luchsen und Adlern Lebensraum.

Zur richtigen Zeit am richtigen Ort
Über die schneebedeckten Berge der Wasatch-Kette, die sich im Osten der Stadt auftürmt, war Brigham Young 1847 mit einer Gruppe von Gleichgesinnten – 143 Männer, drei Frauen und zwei Kinder – erschöpft, aber frohen Mutes an den Rand des Great Basin und des großen Salzsees gekommen. »This is the Place!«, soll der Mormonenführer ausgerufen haben.

Die Gläubigen dürften nach der kräfteraubenden Reise froh gewesen sein, endlich den ersehnten Ort der Toleranz und freien Religionsausübung gefunden zu haben. Man gründete eine Stadt und rief

Oben: Salt Lake City ist nicht nur das Zentrum der Mormonen, sondern auch die Hauptstadt von Utah, wie das mächtige State Capitol belegt. Unten: Im Visitor Center auf dem Temple Square in Salt Lake City erhält man eine Einführung in die Geschichte der Latter-day Saints. Rechts unten: Die Bonneville Salt Flats sind Teil des berühmten Großen Salzsees.

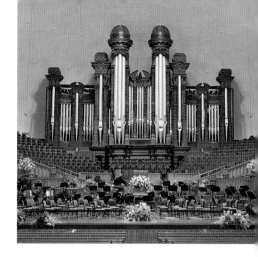

1849 den »State of Deseret« (Bienenstaat) aus, ein riesiges Gebiet, das mehrere heutige Bundesstaaten umfasst, von der Regierung in Washington aber konsequent übergangen wurde. Im Jahr 1896 entstand aus einem Teil dieses Territoriums Utah, das bis heute den Beinamen »The Beehive State«, der Bienenkorb-Staat, trägt.

Dort, wo Young erstmals das Tal erblickt haben soll, am östlichen Stadtrand von Salt Lake City, entstand ein Freiluftmuseum, der »This is the Place State Park«. Ein Monument erinnert an Brigham Young und die ersten Siedler. Das zugehörige Old Deseret Village rekonstruiert ein altes Pionierdorf aus der Mitte des 19. Jahrhunderts – so könnte Youngs »Platz« unten im Tal einmal ausgesehen haben.

Zentrum der Mormonen

In der unwirtlichen Wüste entstand die Siedlung Salt Lake City, kurz »Salt Lake« oder »SLC« genannt. Sie wuchs schnell zur Stadt mit heute rund 186 000 Einwohnern (1,2 Millionen im Großraum) heran. Dennoch sind es nicht Wolkenkratzer, sondern die Bauten der Kirchenzentrale der »Latter-day Saints« (LDS), umgangssprachlich »Mormonen« genannt, die Skyline und Stadtzentrum prägen. Der Mormon Temple – die mächtige Kathedrale – und der ungewöhnliche Tabernacle, eine Konzerthalle, in der der weltberühmte Mormon Tabernacle Choir auftritt, sind die dominanten Bauten auf dem rund 40 000 Quadratmeter großen und üppig begrünten Kirchengelände.

Die Orientierung in SLC fällt leicht, weil Brigham Young die Mormonen-Hauptstadt in gleichmäßigem Gitterraster anlegen ließ. Da sich die Hauptattraktionen um den zentralen Temple Square versammeln und es ein gut funktionierendes Straßenbahnsystem gibt, kann das Auto stehen bleiben. Lediglich das Utah State Capitol erhebt sich etwas abseits, im Norden der Stadt, auf einem Hügel.

22 Grand Teton National Park

Bergspitzen im Tal des Schlangenflusses

Fast kommt ein wenig Alpen-Feeling auf vor den imposanten Bergen der Grand Tetons, einem Teil der Rocky Mountains in Wyoming. »Teewinot«, die vielen Bergspitzen, nannten die Indianer diese Naturschönheit. Die ersten weißen Trapper, zumeist Frankokanadier, fühlten sich bei ihrem Anblick eher an weibliche Rundungen erinnert und tauften die Bergkette »Les Trois Tetons« – die drei großen Brüste.

Oben: Schon am Eingang des Grand Teton NP wartet eine spektakuläre Kulisse.
Unten: Für Mutige – Whitewater Rafting auf dem Snake River nahe Jackson Hole.
Rechts unten: Ausblick vom Snake River Overlook auf die grandiose Bergkette des Grand Teton National Park.

Diese Gegend könnte einem bekannt vorkommen, auch wenn man sie noch nie zuvor gesehen hat: Karl May beschreibt in seinem dritten und vierten Winnetou-Band das Tal des »Schlangenflusses«, des Snake River, zwischen Teton Range und den Gros Vendre Mountains. Auch Winnetous Grab soll sich irgendwo hier in den Bergen befinden, an der Mündung des Hoback River in den Schlangenfluss südlich der Ortschaft Jackson.

Das 64 Kilometer lange Rückgrat des gut 125 000 Hektar großen Nationalparks bildet die Gebirgskette der Tetons, die unvermittelt aus der Ebene aufsteigt und mit dem Grand Teton eine maximale Höhe von 4200 Metern erreicht. Seit 1929 ist diese Landschaft mit ihren Seen, Bergen und dem Hochtal »Jackson Hole« als Nationalpark geschützt.

Junge Gipfel

Die Grand Tetons zählen zu den jüngsten geologischen Bergformationen des nordamerikanischen Kontinents. Sie sind »lediglich« zwischen 13 und 17 Millionen Jahre alt – jung im Vergleich zu den 60 Millionen Jahre alten Bergen ringsum. Das imposante Gebirge entstand, als sich ein gewaltiger Riss in der Erdoberfläche bildete und die Erdkruste aufbrach. Im Westen türmten sich dabei, bewirkt durch starke Kräfte aus dem Erdinneren, die Erdmassen auf und bildeten die Teton Range, im Osten entstand eine Talsenke, Jackson Hole.

Durch dieses lang gestreckte Becken zu Füßen der Bergkulisse schlängelt sich der Snake River, der »Schlangenfluss«, der im Yellowstone National Park entspringt. Die Senke wurde nach David E. Jackson, einem der ersten Pelzjäger der Region, »Jackson Hole« genannt. Die tiefste Stelle dieser »Teton Fault«, wie sie korrekt heißt, liegt südlich der modernen Ortschaft Jackson und ist bis heute Erdbebengebiet. Dass die Erde hier immer noch in Bewegung ist, scheint moderne Urlauber nicht zu stören – genauso wenig wie die einst hier jagenden Indianer und die Trapper.

Sponsored by Rockefeller

Erster Anlaufpunkt einer Besichtigung des Grand Teton National Park sollte das Craig Thomas Discovery & Visitor Center, das Besucherzentrum in Moose sein. Angeschlossen ist ein Museum, das die Geschichte von Jackson Hole und seinen frühen Bewohnern – Indianer, Trapper, Händler, Pioniere – illustriert. Dort erfährt man auch, dass 1950 der östliche Teil des Naturparks durch finanzielle Unterstützung des Großindustriellen John D. Rockefeller dazugewonnen werden konnte. Aus diesem Grund trägt der Highway 89, der durch den Park führt, auch den Beinamen »Rockefeller Memorial Parkway«.

Bei einer Besichtigungstour sollte man ab Moose Junction diese Hauptroute verlassen und auf der fast parallel dazu verlaufenden Teton Park Road weiter in den Park hineinfahren. Vom Craig Thomas Discovery & Visitor Center geht es nordwärts zu den herrlichen Bergseen Jenny Lake und Leigh Lake. In ihrem Umkreis sind zahlreiche, unterschiedlich lange Wanderwege ausgeschildert, ideal für Kurzwanderungen. Der auf 2000 Metern Höhe gelegene Jenny Lake Loop führt vor der imposanten Kulisse der aufragenden Gebirgswand rund zehn Kilometer um den Bergsee herum.

Bergkulissen wie gemalt

Einen Kilometer östlich der Jackson Lake Junction, in Richtung Moran Entrance, bietet sich vom sogenannten Oxbow Bend Overlook der wohl beste Ausblick auf die Bergkette. Dort spiegeln sich die Grand Tetons malerisch im Altwasser des Snake River. Weiter nordwärts auf dem Rockefeller Parkway zweigt bald eine Stichstraße zur Colter Bay und zum Ufer des Jackson Lake ab. Der bildschöne Bergsee ist 25 Kilometer lang und bis zu 130 Meter tief. Von der Colter Bay führt der Parkway am Ufer des Jackson Lake entlang zum nördlichen Parkausgang und zum Südzugang des Yellowstone National Park.

ZUFLUCHT FÜR ELCHE

Jackson Hole – Paradies für Wintersportler Jackson hat sich zum Dreh- und Angelpunkt des Berg-und Naturtourismus entwickelt und punktet zudem mit »Wildwest-Flair«. Die Region Jackson Hole ist wegen ihrer mehr als 50 Skipisten auch zur Topdestination für europäische Winterurlauber geworden. In Teton Village steht zum Übernachten z.B. das Jackson Hole Mountain Resort zur Verfügung. Auf den Rendezvous Mountain verkehrt eine Seilbahn. Trotz des Zulaufs wird es auf den Pisten nie eng – lediglich die Unterkunft sollte man im Voraus buchen.

Im Nordosten des Städtchens liegt die National Elk Refuge (www.fws.gov/nationalelkrefuge), ein 1000 Quadratkilometer großes Rückzugsgebiet für Wapitihirsche. Der Tierpark und das National Museum of Wildlife Art (www.wildlifeart.org) lohnen gleichermaßen einen Besuch. Hinterher kann man sich bei Snake River Brewing (www.snakeriverbrewing.com) mit hausgebrautem Bier und deftigem Essen stärken.

WEITERE INFORMATIONEN

Grand Teton National Park:
www.nps.gov/grte
Jackson Hole:
www.jacksonholechamber.com,
www.jacksonholewy.com und
www.jacksonholewy.net (Unterkünfte)

23 Yellowstone National Park

Das Fenster zur »Unterwelt«

John Colter, Teilnehmer der Lewis&Clark-Expedition 1804 bis 1806 und später Trapper in den Rocky Mountains, erzählte immer wieder von fantastischen Abenteuern und grandiosen Naturschauspielen, die er auf seinen Jagdtrips erlebt hatte. Er berichtete von Geysiren, heißen Quellen, feuerspeienden und stinkenden Felsspalten inmitten einer traumhaften Wald- und Berglandschaft, reichlich von Wild bevölkert.

Oben: Die Wasserfälle des Yellowstone River gehören zu den beliebtesten Motiven für Fotografen und Künstler. Unten: Ein Wapiti (Cervus canadensis) sucht im verschneiten Yellowstone National Park nach Futter. Rechts: Fast so zuverlässig wie eine Uhr ist der Old Faithful Geyser im Yellowstone NP, der in regelmäßigen Abständen ausbricht.

John Colter war vermutlich der erste Weiße, der um 1807 das Gebiet des heutigen Yellowstone National Park betrat. Immer wieder erzählte der Teilnehmer an der Lewis-Clark-Expedition und spätere Trapper von großartigen Landschaften und Naturschauspielen, von Geysiren, heißen Quellen, feuerspeienden und stinkenden Felsspalten und von Wildtieren in so großer Zahl, dass man es sich kaum vorstellen konnte.

»Colter's Folly«, »Colters Hirngespinst«, dachten damals viele seiner Zuhörer im fernen Osten der USA und schüttelten den Kopf. Es sollte dauern, bis man ihn ernst nahm, doch letztlich wurde man sogar im fernen Washington, D.C., hellhörig und schenkte den unglaublichen Berichten von Colter und anderen *mountain men* Beachtung. Als sich dann auch noch Gerüchte über Goldfunde mehrten, entschloss man sich im Jahr 1871, eine wissenschaftliche Expedition in die Wildnis zu entsenden.

Der daraus resultierende Bericht ihres Leiters Dr. Ferdinand V. Hayden, Direktor des U.S. Geological and Geographical Survey of the Territories, sorgte für Aufsehen. Von den Gemälden des mitgereisten Thomas Moran und den Schwarz-Weiß-Fotografien William Henry Jacksons flankiert, überzeugte der Expeditionsbericht die Politiker restlos. Sie erließen eine bis dato einmalige Resolution und stellten am 1. März 1872 das Naturareal unter Aufsicht und Schutz des Staates, damit er als »öffentlicher Park zum Nutzen und zur Freude des Volkes« diene.

Vom Yellowstone aus breitete sich die Nationalpark-Idee in den folgenden Jahren erst innerhalb der Vereinigten Staaten, dann auch in Kanada und anderen Teilen der Welt aus. Zur 200-Jahr-Feier der USA, 1976, wurde der Yellowstone zum Biosphären-Reservat und 1978 zum UNESCO-Weltnaturerbe ernannt. Heute zählt er zusammen mit dem Grand Canyon und dem Yosemite zu den beliebtesten und meistbesuchten Nationalparks Nordamerikas. Mit fast 9000 Quadratkilometern Fläche ist er zugleich der größte Park der USA.

Oben: Überall brodelt es – hier der Geysir am Firehole Lake Drive. Mitte: Es gibt wieder Bisonherden im Yellowstone NP. Unten: Nur kleine Abschnitte des Nationalparks sind auch im Winter zugänglich, mit einem Snowcoach geht es dann auf Entdeckungsreise. Rechts unten: Der Yellowstone River bahnt sich seinen Weg durch das Hayden Valley.

Heiße Quellen und wilde Tiere

Der Yellowstone National Park liegt auf einem Plateau von 1900 bis 2600 Metern Höhe mitten in den Rocky Mountains, umgeben von bis zu 3400 Meter aufragenden Bergen. Die Hochebene entstand vor rund 100 000 Jahren, als ein Vulkan explodierte und der Kegel abgesprengt wurde; an der tiefsten Stelle entstand Lake Yellowstone. Von vulkanischer Aktivität zeugen in dem fast 50 mal 64 Kilometer großen Kessel noch heute unzählige heiße Quellen, Schlammvulkane, Calderas, Fumarolen und Geysire. Die zweite Park-Attraktion ist das Wildlife. Es reicht von Hirschen und Elchen über Grizzly- und Schwarzbären, Wölfe und Büffel bis hin zu über 200 Vogelarten. Dichte Wälder und steil aufragende Granitfelsen, wilde Flüsse und stille Seen, dazu Hunderte von Wasserfällen – wie die berühmten Lower Falls, die Upper Falls, Gibbon und Tower Falls – bieten nicht nur grandiose Fotomotive, sondern auch Lebensraum für eine Menge Tier- und Pflanzenarten.

Der »zuverlässige Alte«

Der Yellowstone National Park misst 86 Kilometer von Ost nach West und gut 100 Kilometer von Nord nach Süd. Er liegt zu 96 Prozent auf dem Staatsgebiet von Wyoming und nur im äußersten Nordwesten, im Yellowstone County gehören kleine Teile zu Montana und Idaho. Dennoch befinden sich drei der insgesamt fünf Zugänge in Montana und nur zwei in Wyoming. Fast 2000 Kilometer Wanderwege, zahlreiche Hotels und Campgrounds locken vier Millionen Besucher pro Jahr an. Sie kommen, um die größte Dichte an wild lebenden Tieren in Nordamerika zu erleben und um einen Blick in die brodelnde »Unterwelt« zu werfen. Die Mammoth Hot Springs nahe dem Zugang North Entrance, wo sich auch die Park Headquarters und eines der Visitor Center sowie das Mammoth Hot Springs Hotel befinden, ist der einzige Teil des Parks, der auch im Winter uneingeschränkt zugänglich ist.

Der Old Faithful – der »zuverlässige Alte« – ist das Aushängeschild des Parks. Er liegt im südwestlichen Teil, dem »Geysir-Country«. Der Geysir stößt ziemlich regelmäßig alle 90 Minuten bis zu 30 000 Liter kochend heißes Wasser etwa 40 Meter hoch in die Luft. In Zeiten des Wilden Westens wurde er daher auch praktisch genutzt: General Sheridans Truppe soll Ende des 19. Jahrhunderts hier ihre schmutzige Wäsche gewaschen haben. Im Umfeld des Old Faithful, im Upper Geyser Basin, befinden sich zahlreiche weitere Fontänen, darunter Riverside, Grotto und Daisy Geyser, außerdem gibt es sogenannte Pools. Die heißen Quellen wie Morning Glory oder Gem Pool stechen durch ihr intensiv farbiges, fast giftig scheinendes Wasser ins Auge. Das ausgefallene Farbspektrum ist auf bestimmte Mineralien und Bakterien zurückzuführen.

Neben dem Old Faithful und dem Yellowstone Lake, der mit 160 Kilometern Uferlinie als der größte See Nordamerikas gilt, hat der Naturpark eine dritte atemberaubende Sehenswürdigkeit aufzuweisen: den Grand Canyon of the Yellowstone River mit Lower und Upper Falls. Der Canyon erreicht nahe Artist Point seine größte Tiefe von 470 Metern und dort, wie vom gegenüberliegenden »Grand View«, bieten sich die wohl spek-

takulärsten Ausblicke auf das Tal und die 94 Meter hohen Lower Falls.

Das »Monster« atmet

Der Yellowstone ist ein Musterbeispiel für die enormen Kräfte, die unter der Erdoberfläche walten. Es zischt, sprudelt und dampft pausenlos aus mehr als 200 Geysiren und über 10 000 heißen Quellen, Schlammlöchern und Fumarolen. Verantwortlich dafür sind »Hot Spots« – Stellen unterhalb der Erdkruste mit erhöhtem Wärmefluss, über denen Vulkane entstanden.

Im Erdinneren, unter dem Yellowstone, hat sich über Jahrhunderte eine riesige Magmablase gebildet. Ein »Supervulkan« ist entstanden. In den letzten Jahren haben Forscher beobachtet, dass sich der Boden an einigen Stellen um bis zu zehn Zentimeter gehoben, an anderen Stellen aber gesenkt hat. Dafür sei das Magma

verantwortlich, mutmaßen Geologen; es ströme unterirdisch etwa 15 Kilometer quer durch den Park und habe den Boden in Bewegung versetzt. Bislang war man der Meinung gewesen, dass heißes Grundwasser unter der Erdoberfläche rumore und die Deformationen erzeuge. Eine andere Gefährdung geht von Bränden aus, die in gewissen Abständen immer wieder Flora und Fauna Schaden zufügen und ganze Landstriche vernichten.

So grausam solche Brände erscheinen, sie dienen als Regulativ und gehören zum natürlichen Kreislauf. Man schätzt, dass etwa 300 Großfeuer in den letzten 10 000 Jahren gewütet haben, zuletzt im Jahr 1988. Damals wurde etwa die Hälfte des Areals erfasst – und 20 Jahre später sprießen bereits überall wieder neue Bäume. Die Natur erholt sich, sofern man ihr Zeit dazu lässt.

ÜBERNACHTEN IM LUXUS-BLOCKHAUS

Rechtzeitige Buchung einer Unterkunft, am besten schon von zu Hause aus, ist bei einer Reise in den viel besuchten Nationalpark ratsam (www.yellowstonenationalpark lodges.com). Es gibt Hotels/Lodges und Campingplätze in verschiedenen Parkregionen, besonders zu empfehlen ist das historische Old Faithful Inn von 1904, das angeblich größte Blockhaus der Welt. Allein die ganz aus Holz bestehende riesige Lobby mit Kamin ist sehenswert, doch auch die Lage überzeugt: direkt neben dem berühmten Old Faithful Geysir.

WEITERE INFORMATIONEN

Yellowstone National Park: Information Office, Mammoth, www.nps.gov/yell und www.yellowstonenationalparklodges.com, $ 25/Pkw für Yellowstone und Grand Teton National Park.
Fünf Zufahrtsstraßen führen zu Besucherzentren mit unterschiedlichen thematischen Schwerpunkten. Ein Plan findet sich unter www.nps.gov/yell/planyourvisit/directions.htm. Außerdem informiert das Old Faithful Visitor Center mit Ausstellungen.
Touren: Yellowstone Safari Company, Bozeman/MT, www.yellowstonesafari.com

Oben: Cowboys sind in den Weiten von Wyoming ein alltägliches Bild. Unten: Zu den sehenswerten Teilen des Buffalo Bill Historic Center in Cody gehört das Plains Indian Museum. Rechts unten: In der Whitney Gallery des Buffalo Bill Historic Center in Cody.

24 | Wildwest Town Cody

Von Westernhelden und Showlegenden

Egal, ob ein Mädchen vor Banditen oder Siedler vor »Rothäuten« zu retten waren, der Held in Wildlederkleidung, mit breitkrempigem Hut, Wallehaar und Spitzbart war stets zur Stelle: William Frederick Cody, besser bekannt als Buffalo Bill, ist als wichtigster Darsteller in seiner Wildwest-Show und Hauptfigur in vielen Romanen schon zu Lebzeiten zur Legende geworden ...

William F. Cody hatte viele Talente: Er war ein Trapper, Scout und Jäger, der schon früh die geografisch günstige Lage der Region östlich des Yellowstone National Park erkannte. Er war ein Taktiker und genialer Selbstvermarkter, der als Buffalo Bill dazu beitrug, dass 1896 ein Ort als »Gateway to Yellowstone« gegründet wurde: die Stadt Cody, benannt nach dem bürgerlichen Namen des Westernhelden. Im Winter eher beschaulich, blüht in Cody im heutigen Bundesstaat Wyoming im Sommer der Tourismus: Souvenirgeschäfte, Restaurants und Hotels reihen sich an der Hauptstraße auf, und der Ort steht ganz im Zeichen der Wildwest-Ikone. Erste Adresse der Heldenverehrung ist das Buffalo Bill Historical Center – eines der eindrucksvollsten und noch dazu größten Cowboy- und Wildwest-Museen ganz Amerikas.
Der Museumskomplex gliedert sich in fünf Ausstellungsbereiche. Der wohl wichtigste ist das Buffalo Bill Museum, wo Memorabilien, Dokumente, Fotos und andere Zeugnisse veranschaulichen,

wie es William F. Cody gelungen ist, den Wilden Westen »salonfähig« zu machen. Daneben versammelt das Plains Indian Museum Wissenswertes über die Prärie-Indianer mit vielen Hörstationen, Nachbauten von Tipis, nachgestellten Szenen sowie Kleidung und Kunsthandwerk. Dazu gehören außerdem das Draper Museum of Natural History, die Whitney Gallery of Western Art und das Cody Firearms Museum.

Mythos vom »Wilden Westen«

Wie kein Zweiter hat es Buffalo Bill verstanden, den Mythos vom »Wilden Westen« zu kultivieren. Es war ihm eine Herzensangelegenheit, die »Good Old Days« der Kavallerie, der Banditen, der Cowboys und Indianer wachzuhalten und in die Moderne hinüberzuretten. Geboren am 26. Februar 1846, soll er schon in sehr jungen Jahren als Reiter beim Pony Express – einem Postbeförderungsdienst zu Pferde – angeheuert haben. Er wurde vom Goldrausch angesteckt, arbeitete als Kundschafter und

erlangte regionale Berühmtheit als Jäger. In den Jahren 1867/68 versorgte er die Arbeiter der Kansas Pacific Railroad mit Büffelfleisch, daher der Spitzname Buffalo Bill.

Dank seiner Orts- und Menschenkenntnis diente er bis 1872 als »Chief of Scouts«, als Anführer der indianischen Späher, die für die 5th Cavalry im Kampf gegen verschiedene Indianerstämme Dienst taten. Später änderte er seine Meinung komplett: Er wurde zum Fürsprecher der Indianer und versuchte sich sogar als Bisonzüchter.

Ein New Yorker Journalist, E.Z.C. Judson, alias »Ned Buntline«, hatte Cody entdeckt und ihn 1869 erstmals zur Hauptfigur in einem Groschenroman gemacht. Über Nacht zum Westernhelden avanciert, verstand sich Buffalo Bill exzellent darauf, an dieser Legende weiterzuspinnen. So bastelte er ab 1883 an einer eigenen Wildwest-Show, die den Mythos des Westens mit nachgespielten Indianerkämpfen, Postkutschen-Überfällen, Bisonjagden und Geschicklichkeitswettbewerben in alle Welt hinaustrug. Buffalo Bill rekrutierte die Akteure für seine Stücke großteils in seinem »Hideout«, dem Historic Sheridan Inn, und feierte hier zugleich rauschende Feste. Bei den Shows traten neben Cody legendäre Figuren wie Annie Oakley, Calamity Jane und sogar Sitting Bull auf.

Westernheld auf Welttournee

Bis 1913 tourte Buffalo Bill mit seiner Show um den Globus. Dabei war er auch mehrmals in Deutschland unterwegs, beispielsweise 1890: Zehntausende sahen in München, Wien, Dresden, Leipzig, Hannover, Braunschweig, Berlin, Hamburg, Bremen, Köln, Düsseldorf, Frankfurt und Stuttgart seiner Wildwest-Show zu. Zeitgleich gründete er die Ortschaft Cody, finanzierte ein Hotel in Sheridan und tätigte zahlreiche andere Investitionen, die sich als wenig gewinnträchtig erwiesen. Verarmt zog er im Alter zu seiner Schwester nach Denver, wo er am 10. Januar 1917 starb und mit großem Pomp auf dem Lookout Mountain bei Golden bestattet wurde: Buffalo Bill war bereits zu Lebzeiten zum Mythos geworden, vergleichbar mit seinem »deutschen Gegenstück« Karl May.

IRMA HOTEL

Das Irma Hotel in Cody ist eine touristische Attraktion. Von Buffalo Bill 1902 in Auftrag gegeben und nach seiner Tochter benannt, wurde das Haus mehrfach renoviert und erweitert. Heute verfügt es über 39 gut ausgestattete Zimmer, darunter Buffalo Bills einstige Suite. Zum Hotel gehört das Irma Restaurant & Grill, wo man wie die örtlichen Cowboys Ribs, Steaks oder Prime Rib bestellen kann. Anschließend trifft man sich zu einem »Absacker« im ebenfalls zum Hotel gehörenden Silver Saddle Saloon. Vor dem Hotel treten im Sommer die »Cody Gunslingers«, die Revolverhelden, zum Shootout an. Anfang Juli lockt die Buffalo Bill Cody Stampede (www.codystampede-rodeo.com), ein hochkarätiges Rodeo, Besucher an.

WEITERE INFORMATIONEN

Cody/Wyoming: www.codychamber.org; www.yellowstonecountry.org
Buffalo Bill Historical Center: www.bbhc.org
The Irma Hotel: www.irmahotel.com

Oben: Östlich des Glacier National Park liegt um die Ortschaft Browning die Heimat der Blackfeet. Unten: Im Glacier National Park bekommt man die scheuen Mountain Goats, die Schneeziegen, häufiger zu sehen. Rechts: Bekannt für atemberaubende Ausblicke ist die Going-to-the-Sun Road, die auf über 2000 Meter Höhe führt.

25 Glacier National Park

Bedrohte Welt aus Eis

»Hier kann man seine Sorgen besser vergessen als sonst wo auf dem Kontinent!«, schwärmte der Forscher und Universalgelehrte John Muir (1838–1914) von der Bergregion der Rocky Mountains im Grenzland zwischen den USA und Kanada. Ein Großteil steht heute als Glacier National Park in den USA und als Waterton Lakes National Park in Kanada unter Naturschutz.

Die mächtige Bergkette der Rocky Mountains ragt im Norden des Bundesstaates Montana und im Süden der kanadischen Provinz Alberta abrupt über die sanft-welligen Ebenen des weiten Graslandes heraus. Mehr als 700 Bergseen, Dutzende von Gletschern und unzählige Wasserfälle glitzern zwischen schroffen Felswänden und dicht bewaldeten Tälern. Den Wasserreichtum verdankt der Glacier National Park dem Abschmelzen der riesigen Gletscher, die einst die Region bedeckten. Im Jahr 1910 als zehnter Nationalpark der USA unter Schutz gestellt, folgen fast zwei Millionen Besucher Jahr für Jahr den Spuren des Geologen und Gelehrten John Muir und lassen sich von der vielseitigen Landschaft bezaubern.

Ein Park, zwei Namen

Der Nationalpark erstreckt sich an der Ostflanke der Rocky Mountains und umfasst den in Nord-Süd-Richtung verlaufenden Hauptkamm. Der höchste Berg, der 2433 Meter hohe Triple Divide Peak,

bildet den Wasserscheidepunkt: Die westlichen Quellen fließen in das Columbia River System und später in den Pazifik, die nordöstlichen in das Saskatchewan River System und dann in die Hudson Bay. Die südöstlichen Wasser speisen den Missouri River und seine Nebenflüsse und münden schließlich in den Golf von Mexiko. Diese Funktion als Wasserscheide erklärt den Namen des Berges: »Dreiteiler«.

Im Norden, jenseits der Landesgrenze zu Kanada, ändert der Park zwar seinen Namen in »Waterton Lakes National Park«, doch wurde das Areal schon 1932 zum grenzüberschreitenden Naturschutzgebiet Wateron-Glacier International Peace Park erklärt. Im Jahr 1976 erhielt der mehr als 4000 Quadratkilometer große Glacier National Park die Anerkennung als Biosphärenreservat, knapp 20 Jahre später ernannte ihn die UNESCO als »Friedenspark« zum Weltnaturerbe.

Die Flora und Fauna entspricht seiner nördlichen Breite und der Höhenlage. Die Vegetation variiert stark zwischen

Oben: Der Mount Sinopah spiegelt sich im Two Medicine Lake. Mitte und unten: Die St. Mary Falls gehören zu den meistbesuchten Attraktionen im Glacier NP. Rechts oben: Einst waren sie gefürchtet, heute begrüßen die Blackfeet die Besucher recht freundlich. Rechts unten: Berge, Wälder und Seen, wie hier der Saint Mary Lake, prägen den Glacier NP.

dem niederschlagsreichen und dicht bewaldeten Westen und dem eher trockenen Osten. Elche, Wapiti- und Maultierhirsche sowie Schwarz- und Waschbären durchstreifen das Gebiet, vereinzelt sind Schneeziegen, Biber und Otter zu beobachten. Die wenigen Grizzlys lassen sich hingegen nur selten blicken. Über 200 Vogelarten bevölkern den Park, darunter besonders viele Wasservögel.

Eine Welt aus Stein und Eis

Es ist schwer vorstellbar, dass vor mehr als einer Milliarde Jahren die gesamte Region von einem riesigen Meer bedeckt gewesen sein soll. Die Ablagerungen dieses Meeres sind Teil der heute bis zu 700 Meter starken Kalksandstein-Sedimentschichten, in denen sich noch fossile Algen, versteinerte Muscheln und Schnecken befinden. Die Appenkunny Formation, die 800 Meter starke Grinnell Formation – beides verhärtete Schlammschichten – sowie die Siyeh Formation bilden weitere von insgesamt sieben Gesteinsschichten. Die Kalkschicht erwies sich gegenüber der erodierenden Kraft der Gletscher als besonders widerstands-

fähig und sorgte für bizarre und schroffe Felsformationen, wie sie vor allem Kletterer lieben.

Aus der Tiefe hochgedrückte Magma verfestigte sich und bedeckt an vielen Stellen die heutige Parkfläche. Vor 60 Millionen Jahren kam es zu einer Anhebung des gesamten Geländes. Viele Bereiche brachen auf und »kippten um«, alte Felsformationen rutschten bzw. »wanderten« in nordöstliche Richtung. Diese Felsen wurden dann erneut von jüngeren Sedimenten bedeckt und bilden heute die »Lewis Range«. Vor 50 Millionen Jahren begannen Erosionskräfte – Frost, Wasser und Wind – die Landschaft zu formen. Den Feinschliff übernahmen die Gletscher: Sie gestalteten die Park-Oberfläche in mehreren Eiszeiten – die letzte endete vor 10 000 Jahren.

Heute bedecken die Gletscher nur mehr einen Bruchteil ihrer ehemaligen Fläche – seit Mitte des 19. Jahrhunderts gehen sie stetig zurück. Eine Fotoserie des Grinnell Glacier zwischen 1938 und 2005 zeigt die dramatischen Veränderungen, die der Klimawandel in dieser abgelegenen Bergwelt ausgelöst hat. Der National Park Service und der US Geological Survey beobachten die Gletscher und erstellen Vergleichsstudien in anderen Regionen des Parks. Sie alle bestätigen das Zurückweichen des Eises. Wurden um 1850 noch etwa 150 Gletscher gezählt, sind es heute wesentlich weniger. Kleinere Flächen sind komplett abgeschmolzen, andere messen nur noch rund ein Drittel ihrer ursprünglichen Größe. Im 19. Jahrhundert sollen die Gletscher noch etwa 99 Quadratkilometer Fläche bedeckt haben, 1993 waren es noch 27 Quadratkilometer.

Auf dem Weg zur Sonne

Die bekannteste Route durch den Glacier National Park ist die 80 Kilometer lange Going-to-the-Sun Road. Vom östlichen Zugangstor in St. Mary – dort beginnt die Blackfeet Indian Reservation –, schraubt sich die »Straße zur Sonne« hinauf in die Berge und erreicht am Logan Pass die kontinentale Wasserscheide. Auf einer Höhe von 2027 Metern befindet sich ein Besucherzentrum, das ausführlich über Geologie und Geografie des Parks informiert. Von da aus schlängelt sich die Straße wieder talwärts, Richtung Park-Westzugang bei West Glacier. Der zentrale Ort der Region dient auch als touristischer Anlaufpunkt. Er bietet von White-Water-Rafting-Trips bis hin zu Ausritten ein breites Spektrum an Freizeitaktivitäten.

Zahlreiche Aussichtspunkte entlang der Going-to-the-Sun Road eröffnen grandiose Ausblicke: auf den St. Mary Lake, auf schneebedeckte Berge, den Lake McDonald, den Dreitausender Mount Jackson, auf den namensgebenden Going-to-the-Sun Mountain und ausge-

dehnte Waldgebiete. Aufgrund der Höhenlage ist die Straße nur in den Sommermonaten, von Ende Mai/Anfang Juni bis Mitte September, befahrbar. Die Monate Juli und August sind ideal für einen Besuch – doch selbst im Hochsommer kann es nachts zu Kälteeinbrüchen mit Frost und heftigen Schneestürmen kommen. Das sollte man beim Campen ebenso bedenken wie auf Wanderungen. Das Trailnetz schlägt insgesamt über 1000 Kilometer lange Routen vor, viele längere Touren bedürfen jedoch gründlicher Vorbereitung und guter Ausrüstung. Außerdem ist es nötig, bei der Parkverwaltung ein Permit einzuholen.

Im Osten des Nationalparks befindet sich in Browning, dem Hauptort der Blackfeet Indian Reservation, das Museum of the Plains Indians. Hier wird die Geschichte der Prärie-Indianer mit Hauptaugenmerk auf die Blackfeet, die Schwarzfuß-Indianer, eindrucksvoll und multimedial präsentiert. Ein Live-Spektakel gibt es alljährlich im Juli beim großen Powwow während der North American Indian Days.

SCHLAFEN IM SCHWEIZER CHALET

Es war die Great Northern Railway, die seit 1891 eine Linie im hohen Norden betrieb, und sie war es auch, die in den frühen Jahren des Nationalparks Unterkünfte im Schutzgebiet zur Verfügung stellte. Hotels im Schweizer Chalet-Stil wurden gebaut, und man warb mit »America's Switzerland«. Über 300 Gebäude aus jenen Tagen sind erhalten und stehen unter Denkmalschutz. Viele davon nehmen noch heute als hochherrschaftliche Herbergen Gäste auf, beispielsweise das Many Glacier Hotel, die Prince of Wales oder die Lake McDonald Lodge. Informationen zu Unterkünften gibt es unter www.glacierparkinc.com.

WEITERE INFORMATIONEN

Waterton-Glacier International Peace Park: www.nps.gov/glac, www.glaciercentennial.org, www.watertonpark.com und www.pc.gc.ca/pn-np/ab/waterton/visit/visit1.aspx 1

Blackfeet Indian Reservation: www.blackfeetcountry.com

Museum of the Plains Indians: www.blackfeetcountry.com/museum

North American Indian Days: www.browningmontana.com/naid.html

26 Denver

Die »Queen City of the Plains«

Zwischen den Weiten der Great Plains und der mächtigen Bergwelt der Rocky Mountains gibt es nur eine einzige wirkliche Großstadt: Denver. Auf Bildern scheint es, als läge die Metropole den Rockies buchstäblich zu Füßen, in Wahrheit dehnt sie sich mitten in der Prärie aus und liegt genau eine Meile – 1,6 Kilometer – über dem Meeresspiegel. Sie nennt sich daher auch »Mile High City«.

Wie viele Städte im Westen ist Denver jung: Vor 150 Jahren lebten kaum 5000 Menschen in der Hauptstadt von Colorado, heute sind es 600 000 im Stadtgebiet und 2,5 Millionen in der Metropolregion. Den Boom der vergangenen 30 Jahre merkt man in Downtown, der Innenstadt, wo moderne Hochhausbauten eine beeindruckende Skyline formen. Architektonisch hat Denver viel zu bieten, zum Beispiel das Museum of Contemporary Art (MCA), den 2006 eröffneten Anbau des Denver Art Museum von Daniel Libeskind, Michael Graves Denver Public Library oder das neue History Colorado Center. Die letztgenannten drei Bauten bilden ein ungewöhnliches modernes Ensemble im Schatten des altehrwürdigen State Capitol. Daneben haben sich aber auch einige historische Bauten erhalten, die an die Frühzeit der Stadt erinnern, besonders im Areal zwischen Larimer Square und Union Station.

Bis zur Mitte des 18. Jahrhunderts hatte kaum ein Weißer diese Region gesehen,

Oben: Aus einem Westernnest entwickelte sich eine moderne Großstadt mit grandioser Architektur. Blick auf Downtown Denver. Unten: Die 16th Street Mall ist eine beliebte Bummelmeile im Stadtzentrum von Denver. Rechts unten: Das Denver Art Museum ist Teil des Civic Center Cultural Complex, zu dem auch das Colorado History Museum gehört.

lediglich ein paar Trapper und Pelzhändler zogen in den nahen Bergwäldern umher. Um 1858 fand dann ein Abenteurer Gold am South Platte River, und obwohl es sich nur um kleine Mengen handelte, verbreitete sich die Neuigkeit wie ein Lauffeuer. Bald war nicht mehr das Edelmetall allein wichtig, sondern Saloons, Hotels, Geschäfte und Banken machten Denver zum wirtschaftlichen Zentrum der Region. Erfolgreiche Schürfer und Minenbesitzer ließen sich herrschaftliche Häuser errichten, ein Opernhaus entstand, und Denver wandelte sich von einer Buden-Stadt zur »Queen City of the Plains«. Der Traum von der Weltstadt war jedoch um 1900 ausgeträumt, als der Silberpreis in den Keller stürzte.

»Wowtown« statt »Cowtown«

Denver fiel in einen Dornröschenschlaf und erwachte erst wieder, als 1928 die Bahnlinie nach Westen fertiggestellt wurde und die Stadt zum Eisenbahnknotenpunkt wurde. Zu Beginn der 1980er-Jahre lösten Bodenschätze, diesmal Erdöl

und Kohle, einen neuen Boom aus – die TV-Serie »Denver« griff den Trend auf. Rings um die Stadt, auf Getreidefeldern oder sogar mitten in Ortschaften, fördern seither Pumpen wertvolles Öl und haben die Stadt wohlhabend gemacht. Mittlerweile ist aus der Cowtown eine »Wowtown« geworden, wenngleich Denver in den Augen vieler Amerikaner immer eine Westernstadt geblieben ist. Das 1908 erbaute State Capitol mit seiner von Blattgold überzogenen Kuppel zeugt vom Reichtum und hebt sich eindrucksvoll von der Umgebung ab. Davor erstreckt sich der Civic Center Park, Denvers zentraler Platz, mit der City Hall, dem Rathaus, an der Westseite. Südlich schließt sich das »Golden Triangle« an, mit dem sehenswerten neuen History Colorado Center, der Public Library und dem allein architektonisch herausragenden Denver Art Museum.

Von LoDo zum Cherry Creek
Nördlich des Civic Center Park beginnt die 16th Street Mall, eine die Innenstadt querende Fußgängerzone und zugleich die wichtigste Einkaufsstraße. Wie es in Denver einmal ausgesehen haben mag, als noch Cowboys durch die Stadt ritten, deutet der renovierte historische Distrikt »LoDo«(Lower Downtown District) an. Er befindet sich zwischen der 1885 erbauten Union Station und der Larimer Street, der mutmaßlich ältesten Straße der Stadt. Ein Bummel durch das Viertel mit seinen alten Lagerhäusern lohnt allein schon wegen der Vielfalt an Läden, Kunstgalerien, Boutiquen, Cafés und Restaurants, aber auch wegen des Baseballstadions Coors Field.

Der City Park im Osten ist die grüne Lunge der Stadt. Der Zoo und das Museum of Nature & Science – eines der größten seiner Art – machen den Park zum beliebten Ausflugsziel nicht nur für Familien. Denvers größtes und beliebtestes Einkaufsareal mit rund 500 Shops, Cafés und Lokalen befindet sich weiter im Südosten der Innenstadt um den Cherry Creek, der sogenannte Cherry Creek Shopping District.

DENVERTAINMENT

Das Kirkland Museum of Fine and Decorative Art (www.kirklandmuseum.org), erbaut 1911, bietet auf engstem Raum eine imposante Sammlung dekorativer Kunst vom Jugendstil über Bauhaus bis zur Moderne im Stil eines »Kunstsalons«. Das Platte River Valley wird seinem Spitznamen »Play-Do« voll gerecht. Hier befindet sich nicht nur die Sporthalle Pepsi Center und das Football-Stadion Invesco Field at Mile High, sondern auch REI (www.rei.com) – einer der größten Outdoor- und Recreation-Spezialshops des Nordwestens. Das Children's Museum of Denver, das Downtown Aquarium und der Elitch Gardens Amusement Park komplettieren das Entertainment-Angebot.

WEITERE INFORMATIONEN

Denver: Visit Denver/Visitor Information Center, 1600 California St., Tel. 303-892 11 12, www.denver.org
Colorado: www.colorado.com
Events: National Western Complex & Stock Show, www.nationalwestern.com – seit über 100 Jahren eine Institution mit Vieh- und Pferdemarkt, Rodeo etc.; Great American Beer Festival, www.gabf.org 400 Brauereien sind beteiligt!

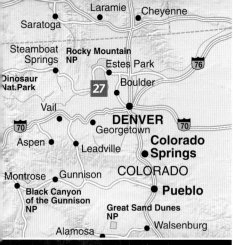

Oben: Nicht nur mächtige Bergketten machen den Reiz des Rocky Mountain National Park aus, sondern auch Bergseen wie der Grand Lake. Unten: Von Besuchern lassen sich die zahlreichen Wildtiere im Nationalpark, wie dieser Wapiti, kaum stören. Rechts unten: Atemberaubende Ausblicke auf die Bergwelt am Trail Ridge Road im Rocky Mountain NP.

27 Rocky Mountain National Park

Berge der Spitzenklasse

Bereits von Weitem sieht man die hohen, ganzjährig schneebedeckten Gipfel des Rocky Mountain National Park. Wenigstens 60 von ihnen – nur die namentlich bekannten eingerechnet – erreichen Höhen von über 3700 Metern und bilden die malerische Kulisse im Westen der Metropole Denver. Die Nähe zur Hauptstadt des Bundesstaates Colorado trägt viel zur Beliebtheit des Parks bei.

Schwindelfrei sollte man schon sein, wenn man die Trail Ridge Road, die im Nordwesten von Denver den Rocky Mountain National Park durchquert, einschlägt. Sie ist im Nationalpark auf fast 80 Kilometern Länge Teil des Highway 34, der als höchste Straße der USA gilt. In zahlreichen engen Kurven schraubt sich die Route hinter der Ortschaft Estes Park immer weiter die mächtigen Rockies hinauf. Während der Fahrt bieten sich atemberaubende Ausblicke auf die schneebedeckten Berge, die bewaldeten Hänge und grünen Täler. Auf der einen Seite türmen sich die Schneeberge auf, auf der anderen öffnet sich der Abgrund. Hat man die Baumgrenze hinter sich gelassen, liegen die fast 4000 Meter hohen Gipfel quasi auf Augenhöhe.

Sommeranfang im Schnee

Am höchsten Punkt im westlichen Teil des Nationalparks, am Alpine Visitor Center, türmen sich auf 3600 Metern Höhe selbst im Juni noch Schneeberge. Schneestürme sind sogar im Hochsommer nichts Ungewöhnliches. Kein Wunder, dass die Trail Ridge Road meist nur zwischen Mai und September schneefrei und befahrbar ist. Vom Besucherzentrum windet sich die Straße hinunter zum Milner Pass, der kontinentalen Wasserscheide auf 3279 Metern Höhe.

Der Cache La Poudre River durchfließt einen malerischen Bergsee und verläuft ostwärts durch den Poudre Canyon. Sein ungewöhnlicher Name, »Versteck das Pulver«, hat der Wildbach von französischen Trappern, die am Ufer ihr Schwarzpulver verbargen. Der gleichnamige Scenic Byway folgt dem Fluss, der perfekte Rafting-Konditionen bietet und vor allem an Wochenenden viel befahren ist. Er erreicht bei Fort Collins am Ostrand der Rockies die Prärie.

Quellgebiet des Colorado River

Der Beaver Creek auf der anderen Seite des Milner Pass fließt nach Westen und mündet wie etliche andere Bergbäche in den Grand Lake an der Südwestecke des Nationalparks, dem Quellgebiet des Co-

lorado River. Dahinter ragen die Never Summer Mountains mit ihren an die 4000 Meter hohen Gipfeln auf. Sie tragen ihren Namen nicht zu Unrecht: Diese Welt aus Eis und Schnee ist verantwortlich für den Wasserreichtum des Colorado-River-Systems.

Dem Naturforscher, Fotografen und Hotelbesitzer Enos Mills (1870–1922) ist es zu verdanken, dass die atemberaubende Bergwelt nordwestlich von Denver weder der Holz- noch der Minenindustrie zum Opfer gefallen ist. Mills war in Estes Park am östlichen Nationalparkrand zu Hause, heute befindet sich hier Zentrum für Bergsport. Schon um das Jahr 1900 rührte er für die Schönheit der Gegend die Werbetrommel und setzte sich für die Ausweisung als Schutzgebiet ein. 1915 hatte seine Hartnäckigkeit Erfolg: Ein Nationalpark von über 100 000 Hektar Größe war entstanden.

Abgesehen vom Bergpanorama ist die Tundra-Vegetation in den Höhenlagen des Nationalparks einzigartig. In den unteren Lagen bis etwa 2800 Meter Höhe überwiegen Misch- und Kiefernwälder, zwischen 2800 und 3400 Metern Höhe stehen Nadelbäume aller Art und in den höchsten Lagen herrschen Tundra-Verhältnisse vor. Insgesamt gibt es im Park rund 750 Pflanzenarten. Besonders reizvoll ist ein Besuch im Juni, wenn ein bunter Blütenteppich die Auen und Wiesen entlang der Trail Ridge Road überzieht. Mills alte Heimat, Estes Park, hat sich inzwischen zum Tor in den Nationalpark entwickelt. Einst ein vergessenes Bergdorf, wächst heute die Zahl von knapp 6000 permanenten Bewohnern in der Hochsaison um ein Vielfaches an. Hotels, Restaurants, Galerien und Läden reihen sich an der Main Street auf. Es geht während der Ferienzeit recht lebhaft zu.

ALTERNATIVE STRECKE

Eine landschaftlich schöne, wenig bekannte Route über die Rocky Mountains führt durch die dünn besiedelte North Park Region im nördlichen Colorado nahe der Grenze zu Wyoming. Start der Strecke ist im Universitätsstädtchen Fort Collins. Der Ort kümmert sich vorbildlich um Erhalt und Restaurierung der historischen Innenstadt und nennt mit dem Armstrong Hotel (www.thearmstronghotel.com), einer luxuriösen Unterkunft von 1923, eine echte Perle sein Eigen. Im weiteren Verlauf folgt der Cache La Poudre-North Park Scenic Byway dem wilden Flusstal des Cache La Poudre und endet im bekannten Skiort Steamboat Springs.

Abwechslung zum Naturerlebnis bietet Boulder. In der City lädt die Pearl Street Pedestrian Mall mit vielen kleinen Läden und Lokalen zum Flanieren ein – richtig lebhaft wird es dort meist erst bei Nacht.

WEITERE INFORMATIONEN

Rocky Mountain NP: www.nps.gov/romo
Scenic Byway: www.colorado.com und
www.byways.org/explore/byways/2104
Boulder: www.bouldercoloradousa.com

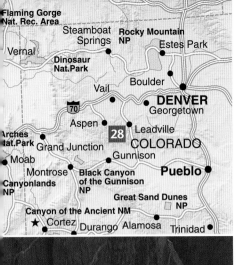

28 Colorado Rockies

Zugfahrt durch eine atemberaubende Bergwelt

»Nachdem wir uns gestärkt hatten, setzten wir unseren Weg zum Bergkamm fort. Von dort oben entdeckte ich mächtige, schneebedeckte Bergketten im Westen.« Diese Worte von Meriwether Lewis, festgehalten am 12. August 1805 im Tagebuch der US-Expedition in den Nordwesten, klingen fast nüchtern – und lassen das Unwohlsein angesichts der bevorstehenden Überquerung der Rockies nur erahnen.

Oben: Beeindruckend und unheimlich ist der Blick in den »schwarzen Schlund« des Black Canyon of the Gunnison in den Rocky Mountains. Rechts unten: Berge so weit das Auge reicht – die Rocky Mountains, das mächtige »Felsengebirge«, wie es Lewis & Clark auf ihrer Expedition nannten. Hier die Formation der Maroon Bells im White River National Forest.

Es war Überraschung einerseits, Verzweiflung andererseits, was die ersten Expeditionsreisenden in den »Wilden Westen« unter den Offizieren Meriwether Lewis und William Clark zu Beginn des 19. Jahrhunderts fühlten. Verständlich, wenn man bedenkt, dass damals die wahren Ausmaße der Rocky Mountains nur den *Native Americans* bekannt waren. Für die Weißen galten bis dahin die kaum 2000 Meter hohen Appalachen an der Ostküste als das Maß aller Dinge. Dass es der Expedition gleich zweimal – auf Hin- und Rückweg, 1805 und 1806 – gelang, diese »Tremendous Mountains« zu überqueren, hatten sie in erster Linie den Nez-Perce-Indianern zu verdanken. Heute kann man den Hauptkamm der Rocky Mountains auf vielen Highways oder auf Schienen mühelos und bequem überwinden; beeindruckend ist die Bergwelt des »Felsengebirges«, so die wörtliche Übersetzung, nach wie vor. Vor allem zwischen Denver und Salt Lake City zeigen sich die Rocky Mountains von ihrer spektakulären Seite. Auf diesem gut 800 Kilometer langen Abschnitt befinden sich die höchsten Gipfel, darunter mehrere Viertausender – z.B. Pikes Peak (4300 Meter), Mount Evans (4348 Meter), Grays Peak (4349 Meter) oder Torrey's Peak (4348 Meter) – und hier liegen berühmte Ferien- und Skiorte wie Steamboat Springs, Aspen oder Telluride.

Rauch über den Bergen

Golden, ein westlicher Vorort von Denver, hat viele Vorzüge: Einerseits befindet sich hier der größte Brauereikomplex der Welt, die 1873 von dem deutschen Einwanderer Adolphus Kohrs gegründete Coors Brewery, andererseits liegt das Grab Buffalo Bills auf dem Lookout Mountain. Zugleich ist Golden Sitz des Colorado Railroad Museum. Rund 50 Dampf- und Diesellokomotiven und unzählige Wagen stehen hier, vor allem Fahrzeuge der sogenannten Narrow Gauge, der Schmalspur-Eisenbahn, die in den schwer zugänglichen Bergen Colorados eine wichtige Rolle bei der Erschließung der Bergwelt spielte.

Es waren die Gold- und Silberfunde während der 1870er-Jahre, die den Eisenbahnbau in Colorado vorantrieben. Für das wichtige Transportmittel mussten überall in den Rocky Mountains Schienenwege gelegt werden. Die Züge legendärer Eisenbahngesellschaften wie der Denver & Rio Grande oder der Colorado & Southern dampften durch die Bergwelt, brachten Edelmetalle nach Denver und stellten die Versorgung der Minenarbeiter sicher.

Abgesehen von den Fahrten, die das Colorado Railraod Museum veranstaltet, starten auch von anderen Orten historische Züge: zum Beispiel die legendäre Durango & Silverton Narrow Gauge Railroad, die zwischen Durango und Silverton verkehrt. Auch in Georgetown, nahe Golden, sorgt die Loop Railroad für ganz spezielle »Rockies-Abenteuer«, im ehemaligen Minenort Leadville ermöglicht dies die Leadville Colorado & Southern Railroad. Durch die atemberaubende Royal Gorge, eine der schmalsten (15 Meter) und tiefsten (380 Meter)

Schluchten Colorados, fahren ebenfalls historische Züge.

Ein Blick in den Abgrund
Mitten in der Bergwelt der Rockies tut sich eine gigantische »schwarze Schlucht« auf: Der Black Canyon wurde auf insgesamt 85 Kilometer Länge vom Gunnison River ins Gestein der Rocky Mountains gefräst. Wer das erste Mal über den Rand der 700 Meter tiefen Schlucht in den Abgrund schaut, ist sprachlos. Anders als beim Grand Canyon liegt der Reiz hier weniger in der Tiefe als in der Enge der Schlucht: Zwischen beiden Oberkanten liegen teilweise weniger als 400 Meter. Kaum ein Lichtstrahl dringt in den Canyon, zumal das Gestein dunkel ist und die Wirkung dadurch noch verstärkt wird. Damit erklärt sich auch der Name. Nahe der Ortschaft Montrose führt die South Rim Road, eine Stichstraße, in den Black Canyon of the Gunnison National Park hinein, vorbei an zahlreichen Aussichtspunkten und Trailheads.

TELLURIDE

Gegründet wurde Telluride 1875 als Basislager für die nahen Silberminen. In seiner Glanzzeit besaß der Ort allein 30 Saloons. Nach dem Preisverfall für Silber drohte die Stadt zur Ghosttown zu werden, doch die Rettung brachte das »weiße Gold« – Schnee. Die Entwicklung zum Wintersportort wurde anfangs durch die abseitige Lage gebremst, doch dann kam in den 1980er-Jahren der Flughafen, und das Städtchen entwickelte sich zur eleganten Alternative zum oft überlaufenen Aspen. Abgesehen von der historischen Innenstadt ist die grandiose Landschaft mit den Bridal Veil Falls, den höchsten Wasserfällen Colorados, ein Hauptanziehungspunkt für Wanderer und Outdoorfans.

WEITERE INFORMATIONEN

Historische Eisenbahnen: www.colorado railroadmuseum.org, www.durangotrain.com, www.george townlooprr.com, www.leadville-train.com, www.royalgorgeroute.com
Golden: www.goldencochamber.org, www.coors.com, www.buffalobill.org
Black Canyon of the Gunnison National Park: www.nps.gov/blca
Telluride: www.visittelluride.com; Unterkunft z.B. New Sheridan Hotel, www.newsheridan.com

Oben: Das moderne City Center am Strip hat der Spielerstadt Las Vegas zu einem neuen Gesicht verholfen. Mitte: Gehören zum Südwesten wie Wüste und Sonne – die kleinen scharfen Chilies in Santa Fe. Unten: Die farbenprächtigen Cojote Buttes im Grand Staircase Escalante in Utah. Rechts: Ausblick vom Inspiration Point im Bryce Canyon NP in Utah.

Der Südwesten

Oben: Vom Watch Tower am Desert View bietet sich im Grand Canyon NP ein erster Blick in die beeindruckende Schlucht. Unten: Der Glen Canyon Dam nahe Page staut den Colorado River zum Lake Powell auf. Rechts oben und unten: Im Grand Canyon NP gibt es an der Abbruchkante zahlreiche Aussichtspunkte, z.B. Mather Point oder Toroweap Point am South Rim.

29 Grand Canyon National Park

Ein Naturwunder, das sprachlos macht

Steht man zum ersten Mal am Rand des Grand Canyon, hält man zunächst den Atem an: Wie klein und vergänglich ist der Mensch doch angesichts dieser grandiosen Landschaft! Das Ungewöhnliche ist, dass man hier nicht aufblickt zu einer monumentalen Berglandschaft, sondern umgekehrt: Man schaut von oben hinab in die etwa 1600 Meter tiefe Schlucht des Colorado.

Kaibab« – »mountain lying down« oder »umgekehrter Berg« – nannten die Paiute-Indianer den Grand Canyon. Am Talgrund fanden sich Besiedelungsspuren, beispielsweise an der Bright Angel Site oder im Nankoweap-Seitental, und sie reichen zurück in die Zeit um 1200 v. Chr. Doch erst die Anasazi, jenes legendäre Indianervolk, das gegen Ende des 13. Jahrhunderts spurlos verschwand, hinterließen auch Ruinen wie den Tusayan-Pueblo. Von den später zugewanderten Stämmen sind heute noch Hualapais und Havasupais, Paiutes und Navajos in der Region zu Hause.

An die fünf Millionen Besucher Jahr für Jahr lassen das grandiose Naturschauspiel, das Sonne, Licht und Wolken veranstalten, auf sich wirken. Die meisten kommen zum South Rim, wo sich der Hauptort Grand Canyon Village befindet. Zwischen Mai und Oktober gleicht der Verkehr hier dem in Großstädten zu Stoßzeiten, und ohne Reservierung ist kaum ein Zimmer zu haben. Sorgfältige Planung empfiehlt sich also, auch damit an wenigstens zwei Tagen genügend Zeit für das Naturwunder Grand Canyon bleibt. Für Übernachtungen stehen mehrere Lodges zur Verfügung, am South Rim zum Beispiel die Bright Angel Lodge, das El Tovar Hotel und die Thunderbird Lodge.

Es waren Spanier, die erstmals vom »Gran Cañon« sprachen. Francisco Vasquez de Coronado erreichte das Gebiet 1540 auf der Suche nach den mythischen »Sieben Städten von Cibola«. Er selbst sah den Canyon nicht, schickte aber eine Gesandtschaft mit García Lopez de Cardenas und Hopi-Scouts dorthin. Die nach Gold suchenden Spanier beeindruckte die Landschaft anscheinend nicht sehr, sie betrachteten das Gebiet vielmehr als lebensfeindliche Wildnis und ließen es links liegen.

1500 Kilometer im Holzboot

Erst ein ungewöhnlicher Mann namens John Wesley Powell (1834–1902) rückte das Naturwunder ins Rampenlicht: Der naturbegeisterte Geologie-Professor ließ

Oben: Der Lake Powell staut den Colorado River zum zweitgrößten Stausee der Welt auf. Mitte: »Horseshoe Bend« am Colorado River. Unten: Winterstimmung am Mather Point am South Rim. Oben rechts: Am Desert View nahe dem Watch Tower. Rechts unten: Ausblick vom Point Tiyo am North Rim. Ganz rechts oben: Der Grand Canyon Skywalk.

sich, obwohl er im Bürgerkrieg seinen rechten Unterarm verloren hatte, nicht von naturkundlichen Expeditionen abhalten. Am 24. Mai 1869 brach er mit neun Gleichgesinnten auf, um den Green und den Colorado River zu erforschen. Die Holzboote der Expedition folgten dem Green River von der gleichnamigen Ortschaft in Wyoming bis zum Zusammenfluss mit dem Colorado River im Südosten Utahs und weiter zum Grand Canyon. Nach drei Monaten kehrten Powell und fünf seiner Begleiter – die anderen hatten unterwegs aufgegeben – beim heutigen Lake Mead wieder in die Zivilisation zurück.

Powell konnte anschließend die Washingtoner Smithsonian Institution überreden, ihm eine weitere, offizielle Forschungsreise entlang des Colorado zu finanzieren. 1871 machte er sich erneut auf den Weg, nun mit dem Ziel, eine wissenschaftliche Dokumentation und Kartierungen vorzunehmen. Powell nahm mit John A. Hillers diesmal auch einen Fotografen mit, der das Naturwunder bildlich festhalten sollte. Vier Jahre später publizierte Powell seine Ergebnisse in einem faszinierenden Buch und verfasste noch ein weiteres Werk mit dem Titel *Report on the Lands of the Arid*

Region of the United States. Der Wert dieses Berichts wurde jedoch erst viel später erkannt. Powell äußerte darin seine Bedenken im Hinblick auf die landwirtschaftliche Nutzung großer Teile des Westens. Er begründete seine Sorge damit, dass die Wüstenlandschaften auf Dauer zu trocken und damit ungeeignet seien für den Landbau.

Unbeschreibliche Dimensionen

Die Ausmaße des Canyons voll zu erfassen fällt schwer, noch schwerer ist es aber, das hohe Alter der Schlucht und vor allem der Grundgebirge – zwei Milliarden Jahre – zu begreifen. Wie ein aufgeschlagenes Buch der Erdgeschichte wirkt die klar erkennbare Schichtenfolge in der Canyonwand, die rund 1600 Meter tief bis zum Colorado River hinabreicht. Der Fluss hat sich im Laufe der Zeit immer weiter in die Hochebene eingegraben. Jede Schicht ist Zeuge einer anderen Zeit: Die oberen Schichten zum Beispiel, bestehend aus Kaibab- und Toroweap-Kalkstein, entstanden beim Austrocknen urzeitlicher Meere, während die unteren Sandsteinschichten auf eine ältere Wüste zurückgehen, die vor Jahrmillionen mehr als 50 000 Quadratkilometer des Südwestens bedeckte.

Powell und seine Männer befuhren in ihren schweren Holzbooten noch den ungezähmten Colorado River, heute ist der Fluss durch zwei große Stauseen gebändigt: Flussaufwärts, bei Page (Arizona), liegt der Lake Powell, aufgestaut durch den Glen Canyon Dam, und flussabwärts hat der Hoover Dam südlich von Las Vegas den Lake Mead geschaffen. Elfmal während der letzten Jahrmillionen sollen Lavaströme nach Vulkanausbrüchen den

Colorado auf natürliche Weise gebremst haben. Der höchste dieser Lava-Dämme maß 165 Meter und staute das Wasser auf fast 300 Kilometern auf.

»Welch ein Kampf zwischen Wasser und Feuer muss sich hier abgespielt haben!«, schrieb Powell, »man stelle sich eine Flut von flüssigem Gestein vor, die sich in einen Fluss aus Schmelzwasser ergießt. Welch Schäumen und Brodeln, welche gewaltigen Wolken, die da zum Himmel steigen!«

Der Abstieg wird zum Höhepunkt

Die meisten Besucher nähern sich dem Grand Canyon, der seit 1919 als Nationalpark ausgewiesen ist, von Süden, aus Flagstaff. Auf diesem Weg über das Coconino Plateau mit seinen Goldkiefernwäldern, flankiert von den San Francisco Mountains, kündigt sich das bevorstehende Ereignis kaum an – vielmehr taucht der Abgrund wie aus dem Nichts auf. Einen ersten intensiven Eindruck erhält man vom Mather Point am South Rim. Westlich davon liegt das Grand Canyon Village, das 1901 durch eine Eisenbahnlinie erschlossen wurde und seither als touristisches Zentrum gilt. Shuttlebusse und Wandertrails verbinden die einzelnen Aussichtspunkte zwischen Hermits Rest ganz im Westen des South Rim und Desert View mit dem rund 2500 Meter hohen Watchtower als östlichstem Punkt am Südrand. Eine weitere Attraktion des South Rim ist zudem die Tusayan Ruin, der Überrest einer alten Indianersiedlung. Weniger überlaufen als die südlichen Täler ist der North Rim mit dem Bright Angel Point, der allerdings nur über einen etwa 60 Kilometer langen Umweg von Utah aus erreichbar ist.

Ein absolutes Highlight ist die Wanderung in den Canyon. Mit jedem Schritt hinab wächst die Stille und Großartigkeit der Landschaft. Eine Tageswanderung führt zu den Indian Gardens, einer Oase 945 Meter unter dem Canyonrand (Camping möglich). Wer möchte, kann von dort den Weg hinunter zum Colorado River fortsetzen. Obwohl am nächsten Tag der anstrengende Aufstieg bevorsteht, wird diese Exkursion ein unvergessliches Erlebnis bleiben!

SKYWALK

Auf dem Reservatsgrund der Hualapai-Indianer am West Rim befindet sich der Grand Canyon Skywalk. Von diesem 20 Meter weit in den Canyon hinausragenden »Balkon« mit rund 10 Zentimeter dickem Glasboden blickt man 1200 Meter tief auf den Colorado River – ein unvergleichliches Erlebnis. Die Konstruktion war eine Meisterleistung, da das Gesamtbauwerk über die Abbruchkante geschoben werden musste. Damit der Boden nicht zerkratzt wird, muss jeder Besucher Filzschuhe überstreifen. Auskunft und Tickets: www.grandcanyonskywalk.com.

WEITERE INFORMATIONEN

Grand Canyon NP: www.nps.gov/grca; auch von Parkrangern betreute Wanderungen und Muliritte.
Unterkünfte:
www.grandcanyonlodges.com
Sehenswertes im Umkreis: http://visitpagearizona.com (Lake Powell);
www.nps.gov/glca (Glen Canyon NRA);
www.nps.gov/rabr (Rainbow Bridge NM).

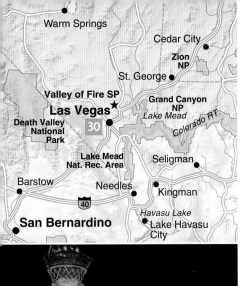

30 | Las Vegas

Fata Morgana in der Wüste

Von Venedig in den Zirkus, vom Römischen Reich nach Paris, von Monte Carlo in den Orient, von New York nach Hollywood, vom Hofbräuhaus in den Sapphire Gentlemen's Club – eine Reise durch Zeiten und Welten ist in Las Vegas an einem einzigen Abend möglich. Etwa 39 Millionen Besucher pro Jahr kommen in die unwirklich erscheinende Metropole mitten in der Wüstenlandschaft des Bundesstaats Nevada.

Oben: Die Stratosphere ist eins der Wahrzeichen von Las Vegas am Beginn des legendären Strip. Unten: Sehen und gesehen werden, heißt das Motto auf dem Las Vegas Boulevard, dem »The Strip«. Rechts: Im Licht der untergehenden Sonne wirkt das neue CityCenter am Las Vegas Boulevard fast surreal.

Ringsum karge Wüste und eine unerbittlich herabbrennende Sonne – und dann plötzlich Palmen, Wiesen, kleine Seen, plätschernde Brunnen, angenehme Kühle. Ist das da nicht der Eiffelturm, dort eine venezianische Gondel und da drüben die Skyline Manhattans? Nein, es handelt sich nicht um eine Fata Morgana, sondern um Las Vegas – eine scheinbar vom Mond gefallene Glitzerstadt, die sich mitten in der Wüstenlandschaft im Süden Nevadas ausdehnt. Ob man diese Kunstwelt mit ihren Hollywood-Kulissen, Shows und Achterbahnen, Spielhöllen und Megahotels mag oder nicht – eines ist sicher: Man muss sie gesehen haben!

Im Jahr 1829 hatte der mexikanische Händler Antonio Armijo an einer Wasserstelle auf dem Old Spanish Trail zwischen Santa Fe und Kalifornien eine Handelsstation gegründet. Er nannte den Ort »Las Vegas«, »die Wiesen«. Knapp 30 Jahre später fand man in der Region erstmals Gold und Silber. Unter dem Namen »Territory of Nevada« trat das Gebiet 1864 als 36. Staat der Union bei – während des Bürgerkriegs konnten die Nordstaaten die Einnahmen aus den Minen dringend brauchen. Als der Bundesstaat 1931 selbst in finanziellen Nöten steckte, kamen Politiker auf die Idee, das seit jeher im Westen beliebte Glücksspiel zu legalisieren und damit die Staatskasse aufzubessern. Damit besiegelten sie den kometenhaften Aufstieg der Stadt.

Vom antiken Palast zum modernen Paris

Anfang der 1940er-Jahre eröffneten die ersten Casinos, doch so richtig los ging es erst in den 1950er-Jahren, als Sahara, Riviera, Tropicana und Stardust erbaut wurden. Letzteres war das erste Casino-Hotel, das auch eine Show anbot. In den Sechzigern gaben die Slot Machines – einarmige Banditen – ihr Debüt. Ein Markstein in der Entwicklung war 1966

Ein Casino reiht sich an das andere, und alle, etwa das Excalibur Hotel & Casino am »Strip« (oben) oder das Rio Suite Hotel & Casino (Mitte) in Downtown, sind voller einarmiger Banditen. Unten: Die Fremont Street markiert das Stadtzentrum. Rechts: »Der Strip« und das MGM Grand Hotel. Rechts oben: Im Valley of Fire State Park nahe Las Vegas.

die Eröffnung von Caesar's Palace, dem Imitat eines römischen Prachtbaus; wenig später folgte das Circus Circus Hotel und danach waren Neueröffnungen schon fast an der Tagesordnung.

Die Casino-Hotels wurden immer monströser und ausgefallener, immer kurioser und luxuriöser. 1989 eröffnete das Mirage als erstes Mega-Resort, ausgestattet mit einem künstlichen Vulkan. In den 1990er-Jahren ging es Schlag auf Schlag: 1993 der 5000-Zimmer-Gigant MGM, 1996 der höchste frei stehende Aussichtsturm westlich des Mississippi, der Stratosphere Tower, und es folgten zahlreiche Städte-»Theme Hotels« wie New York oder Paris. In den letzten Jahren sind eher elegante Luxusherbergen mit Spas, Sternerestaurants und hippen Nightclubs wie Wynn & Encore angesagt. Steve Wynn ist einer jener Großunternehmer, die sich die Hotels in Las Vegas untereinander aufteilen; Caesar's Entertainment und MGM/Mirage heißen die beiden anderen Großen im Geschäft, die jeweils mehrere Komplexe verwalten.

Die neuesten Trends und Themen

Shopping und Entertainment, Wellness und Luxus rückten in den letzten Jahren verstärkt in den Vordergrund, denn Spielhallen allein ziehen längst nicht mehr. Die Elite des Showgeschäfts wie Celine Dion oder der Cirque du Soleil sind hier ebenso zu sehen wie Musicalproduktionen à la »Phantom der Oper«. Dazu kommen schicke Ladenstraßen in den Resorts, Gourmetrestaurants und spektakuläre Nightclubs – wie Pure (Caesar's Palace), Tao (Venetian) oder Tangerine (Treasure Island), Tryst (Wynn) oder Surrender und Blush (beide: Encore).

Las Vegas besteht aus zwei »Stadtteilen«: Downtown um den ehemaligen Bahnhof und den mehr als acht Kilometer nach Süden reichenden Las Vegas Boulevard, besser bekannt als »The Strip«. Downtown Las Vegas wirkt mit der neonbeleuchteten Fremont Street gegenüber dem glamourösen »Strip« beinahe bescheiden. Straßenkünstler unterhalten die Passanten, die zwischen Souvenirshops, Restaurants und Casino-Hotels im alten Stil – wie Golden Nugget, Fitzgeralds, Fremont oder Lady Luck – hin- und herpendeln. In den vergangenen Jahren wurde viel Geld in die Belebung und Modernisierung der Fremont Street investiert. Neu sind beispielsweise der Rush Tower als Zufügung zum Golden Nugget und die futuristische Überdachung von fünf Blocks. Dabei dient die ausgefallene Konstruktion nicht nur als Sonnenschutz, sondern auch als Leinwand für Video- oder Lasershows.

Hotels zwischen allen Stilen

Am »Strip« ist für Abwechslung gesorgt. Dort zählt Caesar's Palace, wo Besucher in die Zeit des alten Rom versetzt werden, zur »alten« Riege. The Mirage ist einem tropisch-polynesischen Paradies nachempfunden und wurde durch die Siegfried & Roy-Show berühmt. Auch das Tropicana Resort & Casino entführt in eine tropische Kunstwelt, während im Circus Circus Hotel die Akrobatik-Show und der Vergnügungspark »Adventure-Dome« ins große Zirkuszelt locken. Excalibur ist eine Mischung aus Märchenschloss und mittelalterlicher Burg mit Ritterrüstungen, Burgfräulein und Ritterspielen. Hollywood par excellence bietet das MGM Grand Hotel, während im

Treasure Island täuschend echte Seeschlachten inszeniert werden.

Viele der in den 1990er-Jahren entstandenen Hotels sind Nachbildungen von Städten oder Regionen: Das Luxor Las Vegas ist die auf 107 Meter verkürzte, ansonsten aber originalgetreue Nachbildung der Cheops-Pyramide. Vor dem Top-Resort mit mehr als 4400 Zimmern steht eine verkleinerte Kopie der Sphinx, im Inneren ist das Grab Tutanchamuns rekonstruiert. Aus der Spitze des Daches sticht der stärkste Laserstrahl der Welt in den Wüstenhimmel. Dem exotischen Thema ist auch das Mandalay Bay Resort & Casino verpflichtet und nach der burmesischen Stadt benannt. Das edle Bellagio bildet ein Dörfchen am Comer See in Norditalien nach. New York, New York zeigt die Skyline der Stadt mit etwas verkleinerten Kopien des Empire State Building und der Freiheitsstatue. Arc de Triomphe, Hôtel de Ville, das Opernhaus und der Louvre sind die Staffage in Paris Las Vegas, die maßstabsgetreue Nachbildung der Fassade des Dogenpalastes, des Campanile und der Rialtobrücke liefert The Venetian. Die Shops reihen sich um den Markusplatz und auf dem Canale Grande singen die Gondoliere. Derzeit geht der Trend weg von spektakulären »Außeninszenierungen«, dafür wird Wert auf die Attribute »chic, fancy und elegant« gelegt. Neueröffnungen wie das Red Rock Casino, Resort & Spa mit mehreren Bars, Nightclubs, Spa und Pool, wie das Planet Hollywood Resort & Casino, das Megaprojekt Echelon Palace oder das Wynn/Encore Hotel, das mit »grenzenlosem Luxus« und dezenter Eleganz wirbt, belegen diese Entwicklung. Der neueste Komplex und zugleich das größte private Bauvorhaben in der Geschichte der USA wurde im Dezember 2009 abgeschlossen: das CityCenter Las Vegas mit seinen spektakulären Hochhäusern. Architektur-Ikonen wie Norman Foster, Daniel Libeskind, Rafael Viñoly, Cesar Pelli und Helmut Jahn haben daran mitgewirkt, dieses prägnante und umweltfreundliche neue »Stadtzentrum« von Las Vegas mit Hotels, Wohnungen, Restaurants, Casinos und Einkaufszentrum zu schaffen.

KONTRASTPROGRAMM NATUR

Kaum hat man die Stadt verlassen, steht man in der Wüste, in Nordostrichtung im Valley of Fire (http://parks.nv.gov/vf.htm). Das Tal des Feuers hat seinen Namen von den 150 Millionen Jahre alten, roten Sandsteinformationen, die in der Sonne zu brennen scheinen. Auch der Red Rock Canyon (http://redrockcanyonlv.org), rund 30 Kilometer westlich, verdankt seinen Namen den roten Felswänden. Vom Valley of the Fire ist es ein Katzensprung zu Lake Mead (www.nps.gov/lame) und Hoover Dam (www.usbr.gov/lc/hooverdam), der mit seinen 221 Metern Höhe und den 3,8 Kilometern Spannweite zu den architektonischen Weltwundern zählt. Der Stausee versorgt die Metropolen des Südwestens mit Trinkwasser und Strom. Papillon Helicopters & Scenic Airlines (www.papillon.com) bietet Flüge von Las Vegas dorthin, außerdem über den »Strip« und zum Grand Canyon, an.

WEITERE INFORMATIONEN

Las Vegas Convention & Visitors Authority, c/o Aviareps Tourism GmbH, Josephspitalstr. 15, D-80331 München, Tel. 089/55 25 33 822. www.visitlasvegas.de, www.visitlasvegas.com

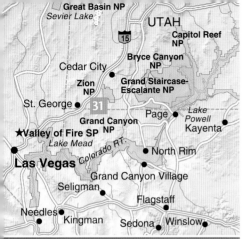

31 | Zion National Park

Wasser, Felsen und Zeit

Mehr als 150 Millionen Jahre Erdgeschichte spiegeln die neun sichtbaren Gesteinsschichten wider, die den Canyon im Zion National Park bilden. Seine spannende Geologie wie die Einzigartigkeit von drei unterschiedlichen Ökosystemen auf engem Raum machen den Reiz des 580 Quadratkilometer großen Parks aus. Ganz abgesehen von seiner fast überirdischen Schönheit ...

Die Wüstenregion auf dem Colorado Plateau, im Süden Utahs und Colorados sowie im Norden Arizonas und New Mexicos, bildet das Herz des Südwestens – und sie besitzt eine Schönheit, die sich kaum in Worte fassen lässt. Wasser, Felsen und Zeit haben eine vielseitige und kontrastreiche Landschaft geformt: glatt polierte, rot glänzende Felsen, grünlich-graue Macchia, sattgrüne Kiefern- und Wacholderwälder, bizarr geformte Monolithe, Felsbögen in leuchtendem Rotbraun, tiefe Schluchten mit rauschenden Wildbächen, Mesas und karstige Bergketten, Wüsten und Kakteen.

Fünf sind Trumpf

Mit fünf Nationalparks – Arches, Bryce, Canyonlands, Capitol Reef und Zion – sowie dem Monument Valley und dem North Rim des Grand Canyon National Park bezeichnet sich Utah stolz als »America's National Parks Capital«. Zion ist dabei der meistbesuchte Park im Staat, und angesichts der fast drei Millionen Touris-

ten jährlich hat man eine ungewöhnliche Maßnahme ergriffen: Privatautos sind von April bis Oktober nur auf der Durchgangsstraße – dem Highway 9, der den Südteil des Parks in West-Ost-Richtung durchquert – erlaubt. Abgesehen von diesem vergleichsweise kleinen Areal in der südöstlichen Ecke, ist der Großteil der insgesamt fast 600 Quadratkilometer Parkfläche kaum erschlossen.

Anders als beim Grand Canyon, wo man von oben hinab in eine tiefe Schlucht blickt, steht man im Zion National Park unten im Tal und blickt hinauf. An manchen Stellen steigen die steilen Felswände 1000 Meter an – kein Wunder, dass die ersten Siedler, vor allem Mormonen, die Felsen als »natürlichen Tempel Gottes« und das grandiose Tal des Virgin River auch als »Little Zion« bezeichneten. Drei verschiedene Ökosysteme haben sich an die unterschiedlichen Bedingungen von Talsohle, Felswänden und Hochplateau angepasst. Im ganzen Canyon gedeiht durch die konstant herrschende Feuchtigkeit und die spezifischen Licht-

Oben: Die Checkerboard Mesa, über Millionen Jahre aus Sandstein geformt, gehört zu den Naturschauspielen im Zion NP. Unten: Auf vielen Wanderwegen – hier jener zum Emerald Pool – kann man den Zion NP erkunden. Rechts unten: Der »Watchman« erhebt sich über das Tal des Virgin River. Rechts oben: Entspannen in St. George im Red Mountain Resort.

verhältnisse eine ungewöhnliche Flora, vor allem Farne und andere Feucht- und Schattenpflanzen gedeihen hier.

Der enge Zion Canyon gilt als die ungewöhnlichste Ansammlung von Navajo-Sandstein-Formationen im Südwesten. Die Wanderung zu den Zion Narrows ist ein unvergessliches Erlebnis. Ausgehend vom sogenannten Temple of Sinawava, wo die Felswände mehr als 730 Meter hoch aufragen, verengt sich das Tal des Virgin River kontinuierlich. Am südlichen Ausgangspunkt ist das Flusstal noch relativ breit und der Riverside Walk ein einfacher Weg. Dann endet jedoch der Spaziergang und es geht hinein ins Flussbett, vorausgesetzt: der Wasserstand ist niedrig und kein Regen in Sicht. Der meist als harmloser Bach dahinplätschernde Virgin River kann sich im Nu in einen reißenden Strom verwandeln. Am Grund des Canyons angelangt, wo sich der Fluss über 600 Meter tief in den Fels eingegraben hat, liegen die hoch aufragenden Felswände nur noch rund sechs Meter auseinander, und man hat das Gefühl, beide Seiten mit ausgestreckten Armen berühren zu können.

Für Abenteu(r)er wie geschaffen

Stellen wie diese müssen es gewesen sein, die Everett Ruess (1914–1934), den empfindsamen Künstler, Poeten und Zivilisationsflüchtling, überwältigten. In Briefen und Tagebüchern erzählte er von der Schönheit des Südwestens. »Wenn ich gehe, dann hinterlasse ich keine Spuren«, schrieb er und verschwand tatsächlich spurlos. Vor zwei Jahren wurde ein Skelett gefunden, das möglicherweise von dem legendären Abenteurer stammen könnte. Wanderungen mit Wiederkehr zweigen vom Highway 9 ab, beispielsweise der East Rim Trail. Weitere Pfade starten am Scenic Drive – z.B. der West Rim Trail (mehrstündige Tour ab Grotto) oder der Weg durch den Echo Canyon zum Observation Point (ab Weeping Rock). Eine klassische Klettertour führt vom Grund des Canyons an der Grotto Picnic Area die Canyonwände hinauf zu Angels Landing. Besonders schön ist eine Übernachtung in einer der Blockhütten der Zion Lodge, eine der wenigen Herbergen, die sich innerhalb von Nationalparkgrenzen befindet.

STAUNEN UND GENIESSEN

Nur wenige Kilometer westlich von St. George, dem wichtigsten Ort im Südwesten Utahs, verbirgt sich mit dem Snow Canyon State Park ein wahres Juwel. Hier laufen zwei Canyons zusammen und bilden eine beeindruckende Felskulisse aus rotem und gelbem Sandstein, die schon Kulisse für Westernfilme war. Interessant ist die Region auch, weil hier drei den Südwesten prägende Ökosysteme zusammentreffen: Mohave Desert, Great Basin sowie Colorado Plateau. Am Ausgang des Canyons liegt das Red Mountain Spa & Resort, ein perfekt in die Landschaft integrierter luxuriöser Hotelkomplex mit Wellness-, Reit- und Sportangebot sowie Restaurant.

WEITERE INFORMATIONEN

Zion National Park: www.nps.gov/zion; http://zionnationalpark.com
Aktivitäten: Zion Canyon Field Institute, www.zionpark.org (Touren, Fotokurse und Workshops); Zion Natural History Association, www.zionpark.org
Unterkunft: www.zionlodge.com, www.redmountainresort.com
St. George: www.atozion.com
Snow Canyon State Park: www.utah.com/stateparks/snow_canyon.htm

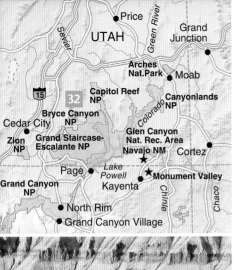

32 Bryce Canyon National Park

Amphitheater der besonderen Art

Es gibt keinen besseren Ort, die Kräfte natürlicher Erosion zu studieren als den Bryce Canyon National Park im Südwesten des Bundesstaates Utah. Die seltsamen Steintürme, Spitzen, Zinnen und Felswände, die sich im Stil einer riesigen Open-Air-Bühne aufbauen, locken alljährlich über eine Million Besucher an. Nach Grand Canyon, Zion und Glen Canyon gilt der Bryce Canyon als Topziel des Südwestens.

Wind und Wasser haben ein Gewirr geschaffen aus gestaffelten, fast unwirklich erscheinenden Türmen und Spitzen, Zacken und Falten, die im Sonnenlicht in den verschiedensten Gelb-, Rot- und Brauntönen strahlen. Nähert man sich dem Bryce Canyon von Westen her, führt die Route anfangs noch durch eine eher »gewöhnlich« anmutende Bergwaldregion in 2400 bis 2800 Metern Höhe. Plötzlich lichtet sich das Grün und es taucht eine Abbruchkante auf. Steht man hier am Rand des Paunsaugunt Plateau und blickt rund 600 steile Meter hinab ins Paria Valley, stockt einem der Atem.

Naturtheater mit Ausblick

Der Großteil der Besucher erfreut sich am Anblick der steinernen Theaterkulisse von den zahlreichen Parkplätzen und Aussichtspunkten entlang des 30 Kilometer langen Scenic Drive, einer Stichstraße, die in den Nationalpark hineinführt. Der Sonnenaufgang am Sunrise Point gilt als absolutes Highlight, das

Pendant ist der Sonnenuntergang am Sunset Point. Beide Naturschauspiele machen die Legende der Paiute-Indianer glaubwürdig: Coyote, der listige Zauberer und heilige Clown, hätte hier einst Bösewichte in Felsen verwandelt. Ihre Gesichter könne man noch erkennen, so erzählte es Indian Dick, ein Stammesältester 1936 einem Ranger, sie seien genauso angemalt, wie in dem Moment, als sie zu Stein wurden.

Hauptattraktion des 145 Quadratkilometer großen Nationalparks ist das hufeisenförmige Bryce Amphitheater, das mit 15 Quadratkilometern Fläche zugleich sein Kernstück bildet. Streng genommen handelt es sich gar nicht um einen »Canyon«, wie der Name nahelegt, sondern um eine Ansammlung von 14 sogenannten Amphitheatern, halbrunden Formationen, die wie an den Hang gebaute antike Theater wirken.

Die Kräfte von Erosion und Temperaturschwankungen lassen sich in den natürlichen Theaterbühnen bestens nachvollziehen. Schließlich ist die Region nur

Oben: Am Sunset Point bietet sich bei Sonnenuntergang ein atemberaubender Blick auf das weite Rund des Bryce Canyon. Unten: Unterschiedliche Wanderwege führen hinein in die vielgestaltige Felsenwelt des Bryce Canyon. Rechts unten: »Thors Hammer« heißt diese Felsformation. Rechts oben: Old Bryce Town in Bryce Canyon City.

wenige Monate völlig schneefrei und stärksten Klimaschwankungen ausgesetzt: Während im Sommer die Sonne unbarmherzig herunterbrennt und das Amphitheater auf bis zu 40 Grad aufheizt, türmt sich im Winter der Schnee an Zinnen und Zacken. Gefrierendes und wieder tauendes Wasser spaltete Felsen und formte sie, heftige Regenfälle spülten ganze Gesteinspartien weg. Noch heute sind diese Prozesse in Gang, und man geht davon aus, dass sich die Abbruchkante innerhalb eines halben Jahrhunderts um einen halben Meter weiter in das Hochplateau hineinschieben wird.

Lausige Gegend, um eine Kuh zu verlieren

Schon die Paiute-Indianer waren beeindruckt von dem Naturwunder und sprachen von einem Ort, »an dem rote Felsen wie Menschen in einer Schüssel stehen«. Die ersten weißen Siedler formulierten ihre Meinung hingegen weniger poetisch. So schrieb beispielsweise der Mormone Ebenezer Bryce, Ranchbesitzer im 19. Jahrhundert und Namensgeber des Parks, von einer »lausigen Gegend, wenn man darin eine Kuh verliert«. Zugegeben, Rinder im Gewirr der Schluchten und Felswände wiederzufinden, dürfte schwierig sein, doch für Wanderer oder Reiter ist der Bryce Canyon eine reizvolle Herausforderung. Wer sich ein genaueres Bild machen möchte, sollte sich in die verwinkelte Welt der Zinnen, Falten und Schluchten des schartigen Naturwunders vorwagen. Dazu steht eine Vielzahl von Wander- und Reitwegen zur Verfügung. Einer der leichtesten und meist frequentierten ist der etwa fünf Kilometer lange Navajo Loop Trail, der vom Parkplatz am Sunrise Point hinab ins Felsgewirr des Bryce Amphitheater, vorbei an der Gesteinssäule Thor's Hammer und wieder zurückführt und dabei einen Höhenunterschied von 160 Metern überwindet.

RUBY'S INN WIRD STADT

Begonnen hat alles 1916. Damals baute Reuben C. »Ruby« Syrett vorausschauend eine Lodge und ein paar Cabins am Rand des Bryce Canyon. Als 1928 der Nationalpark gegründet wurde, konnte er die ersten Früchte ernten: »Ruby's Inn« wuchs langsam zu einer Versorgungsstation am Parkzugang. Inzwischen hat die dritte Generation der Syretts die Infrastruktur ausgeweitet – zum Beispiel durch das empfehlenswerte Bryce Canyon Grand Hotel und Old Bryce Town (Shoppingmöglichkeit). Seit 2007 nennt sich die Ortschaft Bryce Canyon City, rund 130 Einwohner leben dauerhaft hier und der Bürgermeister, Rod Syrett, ist ein Enkel des Gründervaters.

WEITERE INFORMATIONEN

Bryce Canyon NP: www.nps.gov/brca, $ 25/Pkw, in der Hauptsaison Shuttlebusse.
Bryce Canyon City/Garfield County: www.brycecanyoncountry.com
Bryce Canyon Lodge: www.brycecanyon forever.com. Einziges Hotel im NP, Feldsteinbau von 1924 sowie rustikale Blockhütten.
Bryce Canyon Grand Hotel: www.bryce canyongrand.com

Oben: Die Waterpocket Fold im Capitol Reef NP. Unten: Die prähistorischen Indianer haben zahlreiche Petroglyphen – hier an der Potash Road (Hwy. 279) nahe Moab – hinterlassen. Rechts unten: »The Wave«, die Welle, heißt diese Felsformation im Grand Staircase Escalante NM. Rechts oben: Die Upper Calf Creek Falls im Grand Staircase Escalante NM.

33 Capitol Reef National Park

Ein Riff auf dem Festland

Als die ersten Pioniere und Mormonen-Siedler im heutigen Bundesstaat Utah auf eine der markantesten »Faltenerhebungen« Nordamerikas stießen, kamen sie aus dem Staunen nicht mehr heraus. Die einen glaubten, auf die Küste zulaufende Riesenwellen zu sehen, andere beschrieben es als mächtiges Riff. Sie setzten sich durch, und so bekam der Capitol Reef National Park seinen sprechenden Namen.

Der Nationalpark liegt zwar mitten im Bundesstaat Utah, allerdings nicht wie Zion oder Bryce an einer der Hauptverkehrsrouten. Um die 700 000 Besucher jährlich finden dennoch den Weg hierher und sind von der Landschaft fasziniert. Mit 980 Quadratkilometern Fläche ist Capitol Reef der zweitgrößte Nationalpark in Utah nach Canyonlands. Er erstreckt sich entlang der rund 160 Kilometer langen sogenannten Waterpocket Fold, einer »Falte«. Diese geologische Formation entstand, als vor rund 65 Millionen Jahren die Oberfläche entlang einer nordsüdlich verlaufenden Verwerfungslinie um fast zwei Kilometer auf einer Seite angehoben wurde. 1934 wurde das Areal als National Monument unter Schutz gestellt, 1971 dann zum Nationalpark aufgewertet.

Wind, Wasser und extreme Temperaturschwankungen haben im Laufe von Jahrmillionen die Falte zu wuchtigen Kuppeln, rötlichen Steilklippen, bizarren Felszähnen und einem Labyrinth aus verschlungenen Canyons geformt. Weiche und harte Gesteinsschichten wechseln sich ab. Wasser hat in den weichen Sandsteinschichten zahlreiche Becken ausgewaschen, die heute als wertvolle Reservoirs in der Hochwüste dienen und *waterpockets* genannt werden.

Kunst am Fels

Von der 200-Seelen-Ortschaft Torrey führt der Highway 24 durch den Park, dem wildromantischen Tal des Fremont River folgend. Hier lebten einst die prähistorischen Indianer der Fremont-Kultur. Sie waren eng verwandt mit den Anasazi, lebten jedoch in Erdhütten statt in Felsenwohnungen. Sie sorgten als Jäger und Sammler für ihren Lebensunterhalt. An einem »Petroglyphs« genannten Stopp stößt man heute auf bemerkenswerte Hinterlassenschaften der *Native Americans*: Felszeichnungen und -ritzungen, die z.B. schematisierte Menschengestalten mit dreieckigem Oberkörper, Ohr- und Kopfschmuck zeigen.

Von der historischen Siedlung Fruita, einer Mormonengründung und maleri-

schen Geisterstadt, sind Gebäude wie der Bauernhof Historic Gifford Homestead, das Schulhaus oder eine Schmiede, dazu ausgedehnte Streuobstwiesen erhalten. In einem Laden wird Selbstgemachtes verkauft. Über die Siedler, die im fruchtbaren Tal Obst und Gemüse kultivierten und in den 1930er-Jahren ins nahe Torrey umzogen, informiert das Besucherzentrum am Parkzugang. Dort gibt es auch Erklärungen zu den Indianerkulturen. Wanderfreunde können Informationen über längere Touren in den kaum erschlossenen Südteil des Parks einholen. Dort ist Zelten erlaubt, allerdings nur mit Erlaubnis. Von einem alten Ranchpfad namens Burr Trail Road, der den Südteil des Parks durchzieht, zweigen Pfade ab, die zu Aussichtspunkten wie Halls Creek oder in den Muley Twist Canyon führen.

Wandern auf historischen Spuren
An der gratis befahrbaren Durchgangsstraße, dem Highway 24, befinden sich interessante Haltepunkte an weiteren Felsritzungen oder ein Trailhead zur Hickman Bridge, einem beeindruckenden Felsbogen. Spannender ist allerdings die Scenic Road, die vom Visitor Center ausgeht und rund 20 Kilometer weit bis zur Capitol Gorge in das Naturschutzgebiet hineinführt.

Am Ende dieser Straße, die auf den letzten Kilometern in eine Schotterpiste übergeht, kann man zu Fuß rund drei Kilometer einer alten Siedlerroute zu einigen *waterpockets* folgen. Auf diesem einsamen Weg, über den früher Pferdekutschen und später sogar die ersten Automobile einiger wagemutiger Überlandreisender holperten, zeigt sich der Nationalpark besonders imposant und zudem ungewöhnlich menschenleer. Eine noch dramatischere Wanderroute beginnt auf halbem Weg am Scenic Drive und führt durch die Grand Wash Narrows, einen Canyon mit 115 Meter hoch aufragenden Wänden bei nur sechs Metern Breite.

GRAND STAIRCASE-ESCALANTE

Südlich der winzigen Ortschaft Escalante ließ Präsident Bill Clinton 1996 eine Landfläche von mehr als 7500 Quadratkilometern zum Naturschutzgebiet »Grand Staircase-Escalante National Monument« erklären. Das »große Treppenhaus« steht für eine Landschaft, die sich einer Treppe gleich im Südwesten von Utah über den Nordrand des Grand Canyon zum Bryce Canyon aufbaut. Kaum erschlossen, lässt sich das Schutzgebiet nur vom schönen Highway 12 aus erkunden. Ein Abstecher in den Kodachrome Basin State Park, eine Wanderung oder ein Ausritt entlang des Escalante River lohnen. Abgesehen vom Highway 12 gibt es nur Schotterpisten im Park, fast alle sind Sackgassen. Wer die Region intensiver erkunden möchte, sollte sich im Escalante Interagency Visitor Center (755 W. Main St., Escalante) informieren.

WEITERE INFORMATIONEN

Capitol Reef NP: www.nps.gov/care
»Capitol Reef Country«: www.capitolreef.travel.
Grand Staircase-Escalante NM: www.blm.gov/ut/st/en/fo/grand_staircase-escalante.html; www.escalante-cc.com
Unterkunft: Cowboy Homestead Cabins, Torrey, www.cowboyhomesteadcabins.com

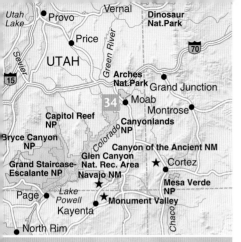

34 Arches und Canyonlands National Parks

Fantastische Felsbögen, dramatische Schluchten

»Gleich vorweg: Du erkennst nichts vom Auto aus. Du musst raus aus dieser verdammten Kiste und zu Fuß gehen, besser noch, auf Händen und Knien kriechen, über den Sandstein, durch die Dornenbüsche und Kakteen ... dann siehst du vielleicht etwas.« Im Vorwort seines Buches »*Desert Solitaire*« stellt Edward Abbey klar, wie man sich dem Land der Canyons, Mesas und Felsbögen im Osten Utahs zu nähern hat.

Mit *Desert Solitaire* schuf Edward Abbey (1927–1989) eine fesselnde Liebeserklärung an das wilde Land um die Ortschaft Moab im Osten des US-Bundesstaates Utah. »Dies ist der schönste Platz auf Erden«, beginnt er die Schilderung seiner Erlebnisse als Ranger im heutigen Arches National Park in den Zeiten vor dem Massentourismus.

Hoch über dem Colorado River gelegen, bildet der Arches Park nur einen Teil der weitläufigen Canyonlands in Süd-Utah. Er liegt im Nordosten des sogenannten Paradox Basin, das vor rund 350 bis 300 Millionen Jahren entstanden ist und ursprünglich mit Wasser gefüllt war. Der See trocknete aus und ließ eine bis zu 1000 Meter dicke Salzschicht zurück, Unmengen von Erosionsgestein aus dem nahen La-Sal-Gebirge lagerten sich im Laufe der Zeit auf dem Salz im Becken ab und verformten es. Mehrere Sandschichten sammelten sich auf dem Sockel und erodierten. Mit der Herausbildung der

Rocky Mountains hoben sich auch die Canyonlands, dabei blieb das Schichtgefüge mit dem Entrada Sandstone als einem der obersten Niveaus erhalten.

Geformt von Wind und Wetter

Wind, Wetter, Wasser und die extremen Temperaturunterschiede erodierten diesen rötlichen Sandstein und formten daraus kuriose Felsgebilde, vor allem aber die spektakulären Bögen. Diese kamen dadurch zustande, dass sich ein Teil des Felses löste und eine Wand frei stehen blieb. An ihr tobten sich dann die Naturkräfte aus und weitere Partien brachen heraus. Es entstanden Löcher in der Felswand, vom fingerdicken Loch bis hin zu 100 Meter messenden Durchbrüchen, bei denen nur zentimeterdünne Felsbrücken übrig blieben.

Auf dem Nationalparkgebiet liegen um die 2000 Felsbögen verstreut. Über die komplizierte Geologie und die Lage der Arches informiert das Visitor Center am

Oben: Erst seit wenigen Jahrzehnten ist der Arches NP durch eine asphaltierte Straße erschlossen. Unten: Der Mond taucht die Felsenwände der Windows Section im Arches NP in feuerrotes Licht. Rechts: Ein Muss für jeden Besucher des Arches NP ist die kurze, aber durchaus nicht zu unterschätzende Wanderung zum Delicate Arch.

Oben: Die Canyonlands sind eine Hochwüste, die umgeben wird von den schneebedeckten La Sal Mountains, Ausläufer der Rocky Mountains. Mitte: Blick zum Turret Arch im Arches NP. Unten: Das Plateau »Island in the Sky«. Rechts unten: Der Mesa Arch. Rechts oben: Beliebtes Hotel mit Reitstall und Weingut – die Red Cliffs Lodge bei Moab.

Parkeingang. Dort beginnt eine Stichstraße, die sich in langen Serpentinen hinauf auf ein Plateau windet. Von großen und im Sommer oft überfüllten Parkplätzen führen Fußwege zu verschiedenen Felsbögen, -türmen und -brücken. Wer in Eile ist, sollte sich zumindest einige der Highlights direkt an der Straße ansehen – wie die Windows Section mit einer Reihe unterschiedlicher Felsbögen, Fiery Furnace oder Skyline Arch. Mit mehr Zeit im Gepäck lohnen Wanderungen in weniger bekannte Abschnitte des Parks oder zum Delicate Arch, dem Wahrzeichen Utahs.

Das Tor zum Himmel

Die Tour zum Delicate Arch ist die Krönung des Besuches. Auch dank seiner traumhaften Lage über dem Plateau gilt dieser Felsbogen als der vollkommenste im Park. Auf einer Abzweigung geht es von der Hauptroute zur aufgelassenen Wolfe Ranch. Von dort führt ein Wanderweg von knapp zwei Kilometern Länge zu dem Bogen, den fast jeder von Kalenderbildern kennt.

Selbst bei 30 Grad Celsius im Schatten reißt die Menschenschlange nicht ab, obwohl der Boden uneben ist und einige härtere Steigungen den Wanderer fordern. Über Slickrock, glatte Felsen, und auf schmalen, unbefestigten Pfaden geht es etwa 150 Höhenmeter hinauf. Dann taucht der Delicate Arch ganz plötzlich am Rande einer Senke auf und man steht unvermittelt vor dem perfekt geformten Tor, hinter dem sich in der Ferne die schneebedeckte Bergkette der La Sal Mountains vor tiefblauem Himmel aufbaut.

Weiter nordwärts, an der Hauptroute, liegt Fiery Furnace, ein Gebilde aus spitzen Zinnen. Diese Felsnadeln scheinen bei Sonnenuntergang Feuer zu fangen. Am Ende der Straße, im Nordteil des Parks, führt ein etwa zehn Kilometer langer Rundweg zum Devil's Garden. Dort belohnt eine ganze Ansammlung von Bögen für die Strapazen – darunter der Landscape Arch, mit 94 Metern Spannweite der größte frei schwebende, natürliche Felsbogen der Welt. Noch tiefer im Gewirr von Devil's Garden versteckt liegen der Double O Arch mit seinen beiden torförmigen Öffnungen, und Dark Angel, ein mächtiger Felsenturm.

Am Rand des Abgrunds

Auf der Strecke zum Canyonlands National Park zweigt eine Straße zum Dead Horse Point Overlook im gleichnamigen State Park ab. Der 1731 Meter hoch gelegene Platz gegenüber der engen Schleife des Colorado um das Goose Neck bietet einen fantastischen Ausblick. Wer die Landschaft der Canyons noch »ursprünglich«, also weitgehend menschenleer, erleben möchte, sollte frühmorgens direkt zum südlichen Zipfel des Canyonlands National Park aufbrechen. Vom Colorado und dem Green River umschlossen, bildet die Hochebene »Island in the Sky« einen eigenständigen Teil des Nationalparks. Vom dortigen Grand View Point Overlook, dem spektakulärsten Aussichtspunkt, scheint der Blick grenzenlos, der Horizont unendlich.

Der Grand View Point Overlook beschert schwindelfreien Besuchern ein weiteres Erlebnis: Direkt an der Kante der »Himmelsinsel« entlang führt der drei Kilometer lange Grand View Point Trail, ein unbefestigter Weg. Fast 400 Meter unterhalb verläuft eine Sandabbruch-

kante, »White Rim« genannt, und noch einmal 300 Meter tiefer liegen die Flusstäler.

Unendliches Land der Canyons und Mesas

Die Erkundung des 800 Quadratkilometer großen Nationalparks erfordert ein gewisses Maß an Vorausplanung, da er aus drei weit auseinanderliegenden Abschnitten besteht und die Zufahrt nur über zwei nicht miteinander verbundene Stichstraßen im Norden und im Osten möglich ist. Von Moab am leichtesten erreichbar ist die Island in the Sky. Der zweite Teil, der sogenannte Needles District, liegt am Ostufer des Colorado River; ihn kennzeichnen rot-gelblich gebänderte Zinnen und tiefe Täler. Die »Nadeln« ragen mehr als 120 Meter auf und bestehen aus Sandstein, der durch Erosion zu rötlichen und ockerfarbenen Spitzen geformt wurde. Die Anfahrt wie auch der Besuch des Needles District erfordert Zeit, mindestens einen Tag. Von Moab aus geht es zunächst auf dem

Highway 191 südwärts, bis vor Monticello der Highway 211 abzweigt. Abgelegen breitet sich der Maze District im Westen des Green River aus. Hier prägt, wie der Name »Labyrinth« verrät, ein Gewirr von Canyons und Mesas die Landschaft. Aber Achtung: Auch wegen der großen Distanzen kann man schnell die Orientierung verlieren. Das Land fällt in großen Stufen ab, manche Ebenen enden abrupt an Felswänden oder Steilabstürzen. Obwohl dieser Abschnitt in Sichtweite der Island of the Sky liegt, muss man einen fast 400 Kilometer langen Umweg in Kauf nehmen. Die Zufahrt ist nur über die Hans Flat Road von der abgeschiedenen Ortschaft Hanksville im Westen aus möglich. Da es in diesem Parkabschnitt nur Schotterpisten gibt und die Wanderwege anspruchsvoll und zeitaufwendig sind, sollte man sich Zeit nehmen. Für den Maze District braucht man Muße und die Bereitschaft, zu Fuß oder zu Pferd, per Mountainbike oder im Jeep Schluchten, Felsen und Mesas zu erkunden.

BASISLAGER MOAB

Moab war bis vor einem halben Jahrhundert ein abgelegenes, verschlafenes Nest, heute ist das Städtchen Ausgangsort für Besuche von Arches und Canyonlands Nationalpark. Eine breite Palette an Freizeitbeschäftigungen wie Climbing (besonders an den roten Felswänden im Tal des Colorado River), Hiking, Mountainbiking oder Hang Gliding, aber auch abenteuerliche Aktivitäten wie ATV-Fahrten oder Whitewater Rafting-Touren (www.navtec.com) werden angeboten. Eine ungewöhnliche Unterkunft ist die Red Cliffs Lodge (www.redcliffslodge.com). Sie liegt direkt am Colorado River vor spektakulären roten Felswänden, die schon als Hintergrundkulisse für Westernfilme dienten.

WEITERE INFORMATIONEN

Arches/Canyonlands National Parks:
www.nps.gov/arch und
www.nps.gov/cany, je $ 10/Pkw.
Canyonlands allgemein: www.canyonlands-utah.com
Moab: www.discovermoab.com
Dead Horse Point SP: www.utah.com/stateparks/dead_horse.htm, $ 10/Pkw.

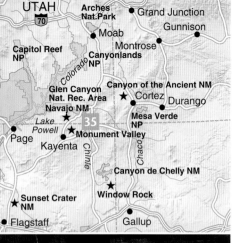

35 Navajo National Monument und Monument Valley

Naturtheater und Filmkulisse

Rote Mesas und enge Canyons, silbrige Artemisia-Sträucher und wehrhafte Kakteen dienten unzähligen Western als Hintergrundkulisse. Das Monument Valley im Norden Arizonas, von den Indianern »Land des Schlafenden Regenbogens« genannt, machte mit seinen mächtigen Tafelbergen, Zinnen, Plateaus und Nadeln als Drehort legendärer Streifen wie »Rio Grande« oder »Stagecoach« Karriere.

Oben: Im Navajo National Monument wurden Überreste prähistorischer Indianerkulturen wie die Betatakin Ruins geschützt. Unten: Viele Navajo-Indianer leben heute vom Verkauf von Webwaren. Rechts unten: Weltweit bekannt wurde das mächtige Monument Valley als Kulisse unzähliger Westernfilme. Rechts oben: Rafting auf dem San Juan River.

Die Wüstenregion auf dem Colorado Plateau ist enorm vielseitig: bizarr geformte Monolithe, Felsbögen und Steinsäulen, Macchia, Kiefern- und Wacholderwälder, tiefe Schluchten, Mesas und karstige Bergketten. Kein Wunder, dass der Western-Regisseur John Ford diesen Landstrich im Grenzgebiet zwischen Arizona und Utah als Filmkulisse besonders ins Herz geschlossen hatte. Auch John Wayne liebte die Region: Die »Three Sisters«, die drei berühmten Tafelberge, werden ihm zu Ehren auch »Big W« genannt.

Viele Menschen leben hier nicht, die wenigen Ortschaften liegen oft meilenweit auseinander und sind nicht wirklich attraktiv. Den höchsten Bevölkerungsanteil stellen bis heute die *Native Americans*, und diese Tatsache allein rechtfertigt den Namen »Indian Country«. Zu den weißen Siedlern, die hier eine Heimat fanden, gehören die Mormonen. Ihre Vorfahren, die in den Canyonlands siedelten und Salt Lake City gründeten, haben extreme Bedingungen in Kauf genommen, um das Land urbar zu machen.

Willkommen im Indianerland!

Über 200 000 Navajos oder »Diné« leben heute im »Indian Country« und sehen sich als größte und wichtigste Gruppe der nordamerikanischen Indianer, als »Nation in der Nation«. Das heutige Reservatsgebiet erstreckt sich auf einer Fläche von knapp 70 000 Quadratkilometern in der Four-Corners-Region, doch leben in dieser Ecke des Südwestens etliche andere indianische Völker. Beispielsweise wohnen mitten im Navajoland auf schwer zugänglichen Tafelbergen oder Mesas noch Hopi. In New Mexico sind in jahrhundertealten Dörfern zahlreiche Pueblo-Indianer zu Hause, und im nördlichen Teil des Indian Country siedeln sowohl Ute und Paiute als auch eine Gruppe der legendären Apachen, die Jicarilla.

116

Auch das durch Western weltberühmt gewordene Monument Valley liegt auf Reservatsgrund der Navajo-Indianer und steht als »Tribal Park« unter Naturschutz. In einem Teil im Norden des Monument Valley wurde bereits 1909 ein besonderes archäologisches Schutzgebiet ausgewiesen: das Navajo National Monument. Hier befinden sich drei fast völlig intakte Felsensiedlungen prähistorischer Indianer. Diese gut erhaltenen Wohnungen der Anasazi erwecken den Eindruck, als seien die Indianer nur mal kurz zur Arbeit auf ihre Felder gegangen – dabei liegen die Felsenwohnungen schon seit etwa 700 Jahren verlassen da.

Vier Länder, eine Ecke

Über die kleine Ortschaft Mexican Hat in Utah erreicht man Bluff – ein idealer Ausgangspunkt für die Erkundung des Monument Valley und anderer Sehenswürdigkeiten. In Bluff scheint die Zeit stehen geblieben zu sein und das Nebeneinander verschiedener Kulturen – Navajo, Mormonen und Christen – verleiht dem Ort eine besondere Atmosphäre. Das Gebiet wird »Four Corners Region« genannt, da hier die vier Bundesstaaten Utah, Colorado, Arizona und New Mexico aneinander grenzen.

Empfehlenswert ist auch ein Abstecher zum Goosenecks State Park (nordwestlich von Mexican Hat über die Highways 163, 261 und 316). Modelliert wurde dieser spektakuläre Canyon vom San Juan River. Im nördlich gelegenen Natural Bridges National Monument stellen drei Naturbrücken mit bis zu 90 Metern Spannweite und 70 Metern Höhe – Sipapu als größter, Kachina und Owachomo – die Hauptattraktionen dar. Im Jahre 1883 waren die Steinbrücken durch einen Goldsucher »entdeckt« worden, die Indianer kannten und verehrten sie allerdings schon seit Urzeiten. Um Zerstörungen vorzubeugen, erklärte Präsident Theodore Roosevelt die mächtigen Steingebilde im Jahr 1908 zum National Monument.

ABENTEUER UND STILECHTE HOTELS

Den spektakulären Canyon im Goosenecks State Park kann man auf ungewöhnliche Weise erkunden – beispielsweise in einem Schlauchboot auf dem San Juan River. Gewagt sind auch die Touren, die von Najavo-Indianern zu Pferd oder per Jeep angeboten werden. Zum Übernachten im Monument Valley empfiehlt sich das von den Navajos betriebene The View Hotel mit Restaurant und Trading Post. Das Moenkopi Legacy Inn ist eine andere Herberge im Pueblo-Stil, etwa 100 Kilometer vom Monument Valley entfernt. Sie wird von Hopi-Indianern geführt.

WEITERE INFORMATIONEN

Navajo National Monument: www.nps.gov/nava
Monument Valley Navajo Tribal Park: http://navajonationparks.org/htm/monumentvalley.htm
Bluff/UT: www.bluffutah.com
Goosenecks State Park: www.utah.com/stateparks/goosenecks.htm
San Juan River: www.utah.com/raft/rivers/san_juan.htm
Navajo: http://navajonationparks.org/htm/monumentvalley.htm
Übernachten: The View Hotel, www.monumentvalleyview.com;
Moenkopi Legacy Inn, Highway 169/264, Tuba City/AZ, www.experiencehopi.com

Besonders Western-Regisseur John Ford und der berühmte Schauspieler John Wayne liebten das Monument Valley, den Landstrich im Grenzgebiet zwischen Arizona und Utah. Die Region ist bis heute die Heimat der Navajo-Indianer.

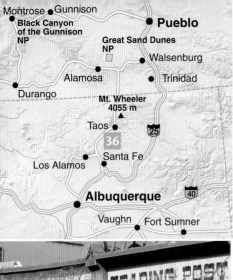

Oben: Wie dieser alte Trading Post zeigt, war Santa Fe einst ein bedeutender Handelsposten im Südwesten. Unten: Der Töpfer Ray Martinez, Indianer aus dem San Ildefonso Pueblo, stammt aus einer indianischen Künstlerfamilie. Rechts oben: Taos Pueblo ist die älteste besiedelte Ortschaft Nordamerikas. Rechts unten: Die San Miguel Mission in Santa Fe.

36 | Taos und Santa Fe

Im Land der Pueblos

Das Land, das die Pueblo-Indianer ihre Heimat und »Mutter« nennen, ist ebenso schön wie unberechenbar. Extreme Dürreperioden einerseits und Winterkälte andererseits machen das Dasein zu einem ständigen Überlebenskampf. Über Jahrtausende hinweg haben sich die Puebloeinwohner dank ihrer spirituellen Geisteshaltung und ihrer Liebe zu Mutter Erde den harten Bedingungen angepasst.

Das Land der Pueblo-Indianer befindet sich im Nordwesten New Mexicos zwischen Albuquerque, Santa Fe und Taos. Hier befinden sich noch 19 alte Siedlungen dieser Kultur, zu der die Hopi, Keres, Acoma, Tano und Zuni gehören. Die Spanier hatten die Ureinwohner nach ihren Behausungen – quadratische, eng zusammengebaute, verschachtelte Lehmhäuser – »pueblos« genannt; »pueblo« ist das spanische Wort für »Dorf« oder »Volk«. Obwohl diese Stämme lange vor den Spaniern das Land besiedelt und urbar gemacht hatten, ist das hispanische Element in der Region unverkennbar: Plazas, katholische Kirchen, mexikanische Küche und der Adobe-Baustil erinnern an Spanier und Mexikaner. Hinter dieser »Fassade« haben die Pueblo-Indianer jedoch ihre Tradition und Kultur gegen weiße Eindringlinge behauptet.

Trotz sprachlicher Unterschiede und der Eigenständigkeit der Siedlungen besteht zwischen den Stämmen sozial und kulturell eine große Ähnlichkeit. Sie äußert sich in Kunst, Architektur, religiösen Vorstellungen und Bräuchen, den sozialen Einrichtungen und auch der Weltanschauung. Die Pueblo-Indianer betrachten sich untereinander als verwandt, als Teil einer großen Familie und als Nachfahren jener legendären prähistorischen Indianer der Anasazi-Kultur. Die Bodenständigkeit und tiefe Verwurzelung in Traditionen, die Bedeutung von Gemeinschaft und Familie sowie die Verbundenheit mit der Schöpfung zeichnet diese Gesellschaft noch heute aus.

Indianische Kunst und Kunsthandwerk

Im Indian Pueblo Cultural Center in Albuquerque, der größten Stadt New Mexicos, erfährt man alles über die Welt der Pueblo-Indianer. Es finden sich auch Hinweise, in welchen Dörfern Touristen willkommen sind, wann und unter welchen Bedingungen. Ein Besuch lohnt sich in jedem Fall, da die Pueblo-Indianer auf künstlerischem Gebiet Einzigartiges leisten. Den Überlieferungen folgend, stellen sie außergewöhnliches Kunsthand-

werk her, vor allem Schmuck und Keramik. Jede Stadt und jedes Dorf verfügt über attraktive Kunstgalerien und kunstgewerbliche Geschäfte.

Als Wegbereiterinnen der modernen Pueblo-Keramik gelten Maria Martinez aus dem San Ildefonso Pueblo und Nampeyo, eine Hopi-Indianerin. Sie studierten die traditionelle Töpferkunst ihrer Vorfahren und bereicherten dieses Erbe um ihre eigene Kreativität. Besonders die metallisch-schwarz glänzenden Gefäße von Maria und Julian Martinez lösten einen wahren Boom aus und sorgten dafür, dass heute ganze Familien vom Töpfer-Business leben. Sie bieten ihre Produkte in den Pueblos, auf Kunstmärkten oder in Kunstgalerien New Mexicos an. Indianische Keramik ist auf dem internationalen Kunstmarkt begehrt und wird in vielen Museen präsentiert.

In Albuquerque ist nicht nur das Indian Pueblo Cultural Center beheimatet, die Stadt nennt sich auch stolz »Ballooning Capital of the World«, vor allem wegen der »International Balloon Fiesta«, dem größten Event dieser Art. Jedes Jahr im Oktober steigen bis zu 700 Ballons auf. Die ganze Woche über finden Veranstaltungen rund um das Ballonfahren, unterschiedliche Wettbewerbe, Feuerwerke und Konzerte statt.

Farbe und Licht

»Hier ist alles Farbe, alles Licht!«, so schwärmte die Malerin Georgia O'Keeffe (1887–1986) von der Region um die historische Stadt Santa Fe. Wie viele andere Künstler war die im ländlichen Wisconsin geborene Malerin, die sich ab 1929 immer wieder nahe Santa Fe aufhielt, von Licht und Landschaft im Tal des Rio Grande fasziniert. Ausgebildet im Art Institute von Chicago und mit dem berühmten Fotografen Alfred Stieglitz verheiratet, blühte die Malerin in New Mexico auf und legte die Basis für eine aktive Künstlergemeinde. In der Stadt ist der Künstlerin ein eigenes Museum gewidmet.

Im Jahr 1610 als Hauptstadt der spanischen Provinz Nuevo Mexico gegründet, gilt Santa Fe heute als eine der beliebtesten Destinationen im Westen. Kernstück des spanischen Erbes ist die zentrale Plaza. Die Kolonialisierung der Neuen Welt durch die Spanier beruhte auf dem Dreigespann Kirche, Militär und Adel. Diese drei Mächte machten sich auch in Santa Fe gegenseitig das Leben schwer – nur gerieten hier zusätzlich die Indianer zwischen die Fronten. Aus diesem Grund kam es 1680 zum Aufstand der Pueblo-Indianer – ein Markstein in der Geschichte des Südwestens, auch wenn die Spanier 1692 die Provinz zurückerobern konnten. Immerhin hatten sie eine wichtige Lektion gelernt: Die Ureinwohner ließen sich nicht einschüchtern. Die Folge war ein Kompromiss: Indianische Rituale wurden zugelassen, solange die Indianer sonntags in die Kirche gingen.

Santa Fe blieb auch während der mexikanischen Herrschaft, 1821 bis 1846, und danach, als die Amerikaner das Gebiet übernommen hatten, Hauptstadt von New Mexico. Von dem vormals wichtigen Handelszentrum war allerdings bis zur Mitte des 19. Jahrhunderts nicht viel geblieben. Erst Anfang des 20. Jahrhunderts begann der Wiederaufstieg von Santa Fe. Über die interessante Geschichte der Stadt und der Region informiert das New Mexico History Museum,

Oben: Das Hotel Loretto in Santa Fe greift die traditionelle Bauform eines Indianer-Pueblos auf. Mitte: Acoma Pueblo Dancers während der Native American Days in Farmington: Im Museum of Indian Arts & Culture in Santa Fe. Rechts unten: Spuren der spanischen Missionare im Salinas Pueblo Missions National Monument. Rechts oben: Skigebiet nahe Taos.

in der historischen Altstadt hinter dem Palace of the Governors gelegen.

Die zwei Gesichter von Taos

Einst markierte das nördlich von Santa Fe gelegene Taos die Nordgrenze der spanischen Kolonialwelt. Selbst die kriegerischen Comanche-Indianer, die jahrhundertelang den Südwesten dominierten, kamen her und trieben mit Spaniern und Pueblo-Indianern Handel. Während man sich den größten Teil des Jahres bekämpfte, herrschte während der Markttage Waffenstillstand.

Anfang des 17. Jahrhunderts hatten sich die ersten spanischen Siedler in der Nähe des Taos Pueblo niedergelassen. Bis heute ist Taos stolz auf seine zwei Gesichter: das der traditionsreichen Kultur der Pueblo-Indianer und jenes der spanisch-mexikanischen und anglikanischen Zuwanderer. Diese zwei Traditionen sieht man der Stadt auf Schritt und Tritt an. Sie gliedert sich in einen modernen Teil und in das alte indianische Pueblo, das irgendwann zwischen 1000 und 1450 gegründet wurde und damit die älteste kontinuierlich besiedelte Ortschaft der USA ist.

Taos Pueblo ist das bekannteste und meistfotografierte Dorf der USA und zugleich »World Heritage Site« sowie »National Historic Landmark«. Um den Hauptplatz des Ortes gruppieren sich große, mehrstöckige Häuser in Adobe-Bauweise. Im Sommer sind die Parkplätze restlos überfüllt, und strenge Vorschriften regeln den Besucherzustrom, der nicht abzureißen scheint. Die eingetriebenen Gebühren wie das Spielcasino stellen wichtige Einnahmequellen dar. Im Pueblo selbst leben das ganze Jahr über etwa 150 Menschen zum Stamm rechnen sich fast 2000 Indianer, die zumeist in neuen Häusern im Umland, in der Nähe ihrer Felder, leben und nur zu Zeremonien oder während der Wintermonate in ihre alte Siedlung zurückkehren.

37 Saguaro National Park

Ein Kakteenwald der besonderen Art

Sie sind hart im Nehmen und gelten als die Überlebenskünstler der Wüste: Kakteen. Eine wegen ihrer Zweige besonders imposante Art ist der bis zu 20 Meter hohe Säulenkaktus, *Carnegiea gigantea*, besser bekannt unter dem Namen »Saguaro«. Er wird im Schnitt 85 Jahre alt und wiegt bis zu acht Tonnen. In der Sonora-Wüste im Süden Arizonas bilden Saguaros ganze Wälder.

Die Pflanze *Carnegiea gigantea* ist aus vielen Gründen etwas Besonderes – nicht nur, weil sie einen Industriellen im Namen führt. Sie ist außerdem monotypisch: In der Gattung kommt nur dieser eine Typus vor. Um die Saguaros zu bewahren, wurde deshalb schon im Jahr 1933 ein Schutzgebiet im Umkreis der Stadt Tucson im Süden des Bundesstaates Arizona eingerichtet. Daraus entwickelte sich 1994 der Saguaro National Park, der heute rund 350 Quadratkilometer umfasst und aus zwei Teilen besteht: Im kleineren etwa 800 Meter hoch gelegenen Teil westlich von Tucson dominieren Wälder von Saguaros und anderen Kakteen. Der östliche Abschnitt liegt deutlich höher und steigt am Mica Mountain, etwa 40 Kilometer östlich der Stadt, auf mehr als 2600 Meter an. Tucson ist eine faszinierende Mischung aus mexikanischem und indianischem Erbe, aus Old und New West, mitten in der Sonora-Wüste. So ist auf dem Gelände der Old Tucson Studios – der Hollywoodversion einer authentischen Wes-

ternstadt von 1939 – ein Film- und Vergnügungspark entstanden. Zu den berühmten Streifen, die hier gedreht wurden, gehören Klassiker wie »Rio Bravo« mit John Wayne. Das moderne Tucson verkörpern hingegen die University of Arizona und das Pima Air & Space Museum, das zu den größten Luft- und Raumfahrtmuseen der Welt gehört.

Es lebe die Wüste!

Hauptattraktion der Stadt ist jedoch die Wüste, wo über 35 000 Hektar Fläche bereits 1932 unter Naturschutz gestellt wurden. Obwohl Saguaros, hierzulande Kandelaber- oder Säulenkakteen genannt, die Landschaft prägen, zeichnet das Areal in der Sonora-Wüste eine enorme Artenvielfalt in Flora und Fauna aus. Viele Tiere sind Meister der Anpassung an Hitze und Trockenheit. Sechs Klapperschlangenarten leben hier, Kojoten, Echsen, Spinnen, an die 200 Vogelarten, darunter der Rennkuckuck. Auch Rehe, Skorpione und die schweineähnlichen Halsbandpekaris sind hier zu Hause.

Oben: Tucson inmitten der Sonora-Wüste ist die größte Metropole im Süden von Arizona. Unten: Nach der Regenzeit im Frühjahr blühen die Kakteen. Rechts unten: Sonnenuntergang im Saguaro NP, wo die namensgebenden Säulenkakteen ganze Wälder bilden. Rechts oben: Der »Wilde Westen« lebt in Tombstone weiter.

Natürlich lauern in der Sonora-Wüste auch Gefahren, doch im Allgemeinen setzen die Tiere ihr Gift nur auf der Jagd, zur Verdauung der Beute oder zu Verteidigungszwecken ein. Der Biss einer Klapperschlange ist für Erwachsene beispielsweise selten tödlich.

Auch die hochgiftigen Gila-Krustenechsen, die sich selten sehen lassen und dazu sehr behäbig sind, beißen nur in höchster Gefahr. Neben Klapper-, Korallen- und anderen Giftschlangen sollte man zudem Respekt vor Skorpionen, Schwarzen Witwen, vor Käfern, Taranteln, Ameisen und Wespen haben und grundsätzlich besser Abstand halten.

Wüste ist nicht gleich Wüste

Im Südwesten haben sich vier verschiedene Wüsten herausgebildet: die Chihuahua-, die Sonora-, die Mojave- und die Great-Basin-Wüste. In Arizona verschmelzen sie und machen den »Grand Canyon State« zum ökologisch abwechslungsreichsten aller Südweststaaten. Da-bei trifft die geläufige Vorstellung von endlosen, hitzeflimmernden Sandflächen kaum zu, denn jede einzelne Wüste zeichnet spezielle Eigenschaften aus. Sonora Desert, in der der Saguaro National Park liegt, erstreckt sich über die bis zu 900 Meter hoch gelegenen Tiefebenen und Becken südlich von Phoenix bis nach Mexiko. Die östliche Chihuahua-Wüste befindet sich zu großen Teilen in Mexiko und reicht nordwärts in den US-Bundesstaat New Mexico und den Süd-osten Arizonas hinein. Aufgrund ihrer Höhe von bis zu 1500 Metern sind die Winter hier lang und kühl. Nordwestlich der Sonora-Wüste erstreckt sich Mojave Desert (Ost-Kalifornien, Nevada und Utah), die heißeste Wüste mit den berühmten Joshua Trees. Das Great Basin, die vierte Wüstenregion, breitet sich zwischen Ost-Kalifornien, Nevada, Utah, Wyoming, Idaho und Oregon aus. Bei Höhenlagen von 1200 Metern und mehr handelt es sich um eine relativ kühle Wüste.

SHOOTOUT IM O.K. CORRAL

Südöstlich von Tucson liegt Tombstone: Noch heute steht Pulverdampf in der Luft, denn die legendäre Schießerei vom Oktober 1881 wird immer wieder neu inszeniert. Damals standen sich im wohl berühmtesten Pferdestall der Welt, dem O.K. Corral, die Earp-Brüder Wyatt, Virgil und Morgan und deren Freund, John »Doc« Holliday, einer Bande von Viehdieben, darunter Ike und Billy Clanton, die McLaury-Brüder und Billy Claiborne gegenüber. Kaum war der Qualm verflogen, lagen Clanton und die McLaurys tot im Staub. Holliday und Wyatt Earp wurden vor Gericht gestellt, jedoch nie verurteilt. Seither halten Romane und Filme wie »Gunfight at the O.K.Corral« (1957) oder »Wyatt Earp« (1994) die Story wach – und Tombstone lebt von Besuchern, die den Kitzel dieses historischen Orts nacherleben möchten.

WEITERE INFORMATIONEN

Saguaro NP: www.nps.gov/sagu, Eintritt: $ 10/Pkw.
Tucson: www.visittucson.org
Tombstone: www.tombstonechamber.com

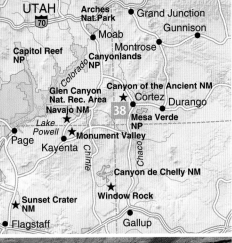

38 Mesa Verde National Park

Spuren einer indianischen Hochkultur

Als Theodore »Teddy« Roosevelt am 29. Juni 1906 den Mesa Verde National Park eröffnete, betonte der US-Präsident, dass es hier – anders als bei früher ausgewiesenen Nationalparks – auch darum gehe, das beachtliche Erbe von Menschen zu schützen, die vor Jahrhunderten im Dunkel der Geschichte spurlos verschwunden seien. Bis heute gibt es für dieses Verschwinden keine Erklärung.

Mit den angesprochenen Hinterlassenschaften sind die Felsbehausungen der prähistorischen Indianer der Anasazi-Kultur gemeint. Sie hatten sich im 6. Jahrhundert hier auf dem Plateau von Mesa Verde, im Südwesten Colorados, niedergelassen, doch erst um das Jahr 1200 waren die mehrstöckigen Wohnbauten aus Lehm entstanden. Die Anasazi bauten diese »Cliff Dwellings« in die Sandsteincanyons hinein, die den dicht bewaldeten und zerklüfteten Tafelberg Mesa Verde durchschneiden. Nur 100 Jahre später gaben sie die Siedlungen überraschend auf; unklar sind die Gründe. War eine Bevölkerungsexplosion ausschlaggebend, waren Fehden zwischen einzelnen Dörfern schuld oder Klimaveränderungen und dadurch verursachte Missernten?

Prähistorische Baukunst

Mit fast 600 000 Besuchern im Jahr gehören die Ruinen der Felssiedlungen von Mesa Verde zu den meistbesuchten Attraktionen im Südwesten. Von der Zufahrt am Highway 160, östlich der Ortschaft Cortez im Südwesten des US-Bundesstaates Colorado, führt die Straße über 25 Kilometer hinein in die Canyon- und Mesalandschaft, ehe man das Far View Visitor Center erreicht. Bis zu den Felssiedlungen sind es dann auf einer Stichstraße weitere zehn Kilometer Richtung Süden. Die bedeutendste Ruine der Anasazi-Kultur ist der Cliff Palace, die größte Felsensiedlung der Region: Der »Klippenpalast« besteht aus rund 150 Wohnungen und 23 Kivas, runden Zeremonienräumen. Hier wie im Balcony, im Spruce Tree und im Long House finden von Parkrangern geleitete Führungen statt. Sehenswert ist auch das Chapin Mesa Archeological Museum.

Um 700 n. Chr. hatten sich verschiedene Volksgruppen im Südwesten herausgebildet: Im Grenzgebiet der heutigen Bundesstaaten Utah, Colorado, Arizona und New Mexico siedelten die Anasazi, eine kunstsinnige und friedliebende Gemeinschaft von Ackerbauern. Ihre Siedlungen in steilen und teilweise überhängenden

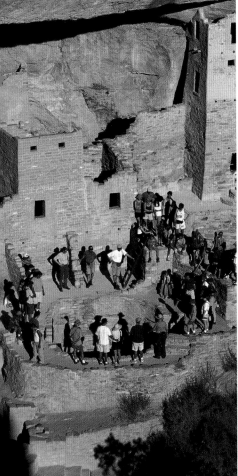

Oben: Besucherandrang vor dem Cliff Palace, mit 150 Wohnungen und 23 Kivas die bedeutendste Ruine der prähistorischen Indianer im Mesa Verde NP. Rechts unten: Zahlreiche Siedlungsreste der im frühen 14. Jh. spurlos verschwundenen Anasazi-Indianerkultur. Rechts oben: Puma-Skulptur am Eingang des Anasazi Heritage Center.

Felswänden waren solide konstruiert – daher haben sie die Zeiten überdauert. Nordwestlich, im zentralen Utah, lebten die mit ihnen verwandten Fremont-Indianer und im Süden, in den Tälern von Gila und Salt River nahe dem modernen Phoenix, waren die Hohokam ansässig. Die östlichen Nachbarn der Hohokam, die im fruchtbaren Gebirgsland des heutigen New Mexico zu Hause waren, hießen Mogollon.

Rätselhaftes Verschwinden

Für den plötzlichen Niedergang und das Verschwinden der prähistorischen Indianervölker gibt es eine Reihe mehr oder weniger plausibler Erklärungen. So hat man herausgefunden, dass sich in der Mitte des 12. Jahrhunderts die klimatischen Bedingungen verändert hatten und eine lange Dürre herrschte. Außerdem bedrohten zuwandernde kriegerische Völker die alten Siedlungen. Obwohl nichts dazu überliefert ist, spricht einiges dafür, dass es zu Unruhen innerhalb der Gemeinden und Gruppen gekommen sein könnte. Migrations-

prozesse setzten ein, und als zu Beginn des 14. Jahrhunderts die Dürreperiode endete, waren die meisten Siedlungen aufgegeben.

Bis heute ist rätselhaft, wohin die Flüchtlinge wanderten. Viele werden ostwärts zum Rio Grande gezogen sein, um sich im heutigen New Mexico in bestehende Pueblos einzugliedern oder eigene zu gründen. Einige Gruppen sind vermutlich südwärts Richtung Mexiko oder westwärts nach Kalifornien umgesiedelt. Andere hingegen blieben in ihrer Heimat und passten sich den neuen Bedingungen an, indem sie wieder als Jäger und Sammler umherzogen oder kleinere Siedlungen bildeten.

Die Felsenwohnungen sind nicht die einzigen historischen Relikte in der Region auf und um Mesa Verde, dem »grünen Tafelberg«: An die 4000 Fundstellen stehen im Nationalpark unter Schutz. Noch einige mehr sind es im östlich gelegenen Can-yons of the Ancients National Monument, einer fast menschenleeren 66 Hektar großen Wüsten- und Schluchtenlandschaft.

ARCHÄOLOGIE UND PRÄHISTORISCHE INDIANER

Das Crow Canyon Archaeological Center (www.crowcanyon.org) liegt nahe Cortez im Bundesstaat Colorado, dem Tor zum Mesa Verde National Park. Das Zentrum arbeitet eng mit den heute hier lebenden Pueblo-Indianern zusammen, widmet sich der Erforschung der Anasazi-Kultur und informiert über die prähistorischen Pueblo-Indianer. Dazu stehen verschiedene Veranstaltungen auf dem Programm, auch Exkursionen und die Möglichkeit, an Ausgrabungen teilzunehmen. Die prähistorischen Indianer stehen auch im nahe Dolores gelegenen Anasazi Heritage Center im Mittelpunkt, wo man Infos über das Canyons of the Ancients National Monument (www.blm.gov/co/st/en/fo/ahc.html) erhält.

WEITERE INFORMATIONEN

Mesa Verde NP: www.nps.gov/meve, $ 10/Pkw plus Gebühr für Touren, Besucherzentren: Colorado Welcome Center in Cortez (April bis Anfang November), Far View Visitor Center im Park (Anfang April bis Mitte Oktober) und Chapin Mesa Archeological Museum im Parksüden, wo sich auch die meisten Ruinen befinden.
Zur Region: www.mesaverdecountry.com

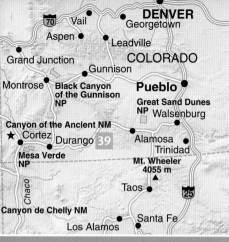

39 Durango/Colorado

Rauch über den Rocky Mountains

Als am 10. Mai 1869 die erste Transkontinentalverbindung mit dem symbolischen Zusammentreffen der Bautrupps von Union und Central (später Southern) Pacific Railroad bei Promontory, Utah, gefeiert wurde, war dies ein entscheidender Schritt zur Besiedlung des Westens. Von da an erschlossen immer mehr Bahnlinien das »wilde Land« – darunter die bis heute betriebene Durango & Silverton Railroad.

Jener 10. Mai 1867, an dem die erste Transkontinentalverbindung mit dem Einschlagen eines goldenen Gleisnagels gefeiert wurde, ist ein historisches Datum für die Besiedelung des Westens. An jenem Tag endete der Wettstreit der Union und der Central (später Southern) Pacific Railroad darum, wer die meisten Kilometer Strecke verlegte und damit die höchsten Subventionen aus Washington einstrich. Für die Strecke New York–Sacramento brauchten Reisende nur noch siebeneinhalb Tage. Und: Der Startschuss für neue Verbindungen zwischen Ost und West war gegeben. Einen Eindruck vom Reisen in den Pionierzeiten vermitteln bis heute die historischen Eisenbahnzüge der Durango & Silverton Railroad.

Mekka für Eisenbahn-Nostalgiker

Die Fahrt mit dem Dampfzug der historischen Durango & Silverton Railroad durch die atemberaubende Bergwelt Colorados ist ein echtes Abenteuer. Hoch über dem Animas River schlängelt sich die 1882 in Betrieb genommene Bahn an

den Felswänden entlang – eine technische Meisterleistung. Durango im Südwesten von Colorado wurde 1879 als Bahnhof der legendären Denver & Rio Grande Railroad (»D&RG«) gegründet. Deren Routen reichten einst von Denver über die Rocky Mountains bis nach Kalifornien. Aus dieser Zeit hat sich der Charme des Eisenbahnstädtchens bewahrt. Vor allem im Zentrum um die Main Street scheint die Zeit stehen geblieben zu sein. Hier sind in liebevoll restaurierten historischen Bauten Läden und Lokale eingezogen.

Dass Durango sich zu einem Besuchermagnet entwickelt hat, liegt an der Durango & Silverton Narrow Gauge Railroad. Ein absolutes Highlight ist die Fahrt mit der Schmalspureisenbahn in das mitten in den Rockies gelegene frühere Minenstädtchen Silverton. Im Jahr 1882 dampfte der erste Zug durch die Bergwelt: an Bord waren Reisende, Waren, die Post und vor allem Gold und Silber. Der Wert des transportierten Edelmetalls soll in den 85 Jahren des Bestehens der

Oben: Heute transportieren die Züge der Durango-Silverton Narrow Gauge Railroad Touristen durch die Rocky Mountains.
Unten: Reminiszenz an den Wilden Westen und an Durangos Rolle während des Silberabbaus im 19. Jh. Rechts unten: Die Spuren des Silberabbaus sind um Durango und Silverton deutlich sichtbar. Rechts oben: Das Strater Hotel in Durango.

Bahn mehr als 300 Millionen Dollar betragen haben. Erst Ende der 1960er-Jahre wurden die Gleise von Durango nach Antonito im Osten stillgelegt – und Durango damit vom überregionalen Eisenbahnnetz abgeschnitten. Immerhin blieb die gut 70 Kilometer lange Bergstrecke als Touristenattraktion erhalten. Während sich der Highway 550 durch die Berge schlängelt, verläuft die Schienentrasse parallel zum Animas River, überquert ihn einige Male, passiert Canyons und Schluchten und verläuft in Reichweite steiler Felswände.

Gold und Silber geladen

Ziel der nostalgischen Bahnfahrt ist Silverton. Hier wurden im 19. Jahrhundert reiche Gold- und Silbervorkommen entdeckt, die dem Städtchen seinen klangvollen Namen bescherten. Der Ruf vom leicht zu verdienenden Geld lockte jedoch allerhand zwielichtige Gestalten an, die mit Überfällen und Schießereien von sich Reden machten. Erst als man zur Abschreckung Ordnungshüter aus dem Osten anheuerte, kehrte vorübergehend Ruhe ein.

Das Zentrum der Westernstadt bestand aus zwei Straßen: In der Greene Street konzentrierten sich Kommerz und Finanzen, in der Blair Street hingegen Saloons und Bars, Spielhallen und Bordelle. Auch als 1893 die Preise für Silber in den Keller fielen, lohnte sich in Silverton der Abbau immer noch. Erst 1991 wurde die letzte Mine geschlossen. Der Ort verfiel jedoch nicht zur Geisterstadt, sondern mauserte sich zum Touristenziel.

Über die Schießereien, die schillernden Persönlichkeiten, den Silberabbau und die Eisenbahn informiert das Historical Society Museum im County Prison, dem ehemaligen Gefängnis an der Greene Street. Während der Feriensaison im Sommer erwacht sogar der »Wilde Westen« wieder zum Leben: Pünktlich um 17.30 Uhr treten die Akteure der Silverton Gunfighter Association im Stadtzentrum zum Shootout an.

HISTORISCHE HERBERGEN

Die historischen Eisenbahnzüge der Durango & Silverton Narrow Gauge Railroad fahren täglich zwischen Durango und Silverton (etwa 3,5 Stunden je Strecke). An beiden Bahnhöfen gibt es Museen, die über die Geschichte der Strecke informieren. Eine stilvolle Übernachtungsmöglichkeit ist das General Palmer Hotel in Durango. Es wurde im späten 19. Jahrhundert erbaut und liebevoll renoviert. Heute präsentiert es sich elegant im viktorianischen Stil. Ebenfalls aus jenen Tagen stammt das komfortable und gemütliche Historic Strater Hotel. Der angeschlossene Diamond Belle Saloon ist seit 100 Jahren eine weithin bekannte und immer noch geschätzte Institution.

WEITERE INFORMATIONEN

Durango und Silverton:
www.durango.org; www.silvertoncolorado.com
Durango & Silverton Railroad: www.durangotrain.com
General Palmer Hotel: www.generalpalmer.com
Historic Strater Hotel: www.strater.com

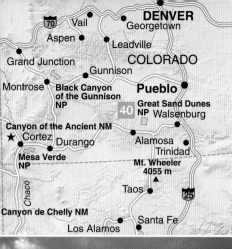

Oben: Das Great Sand Dunes National Monument ist ein Naturdenkmal in den Rocky Mountains. Unten: Bent's Old Fort war einst ein wichtiger Handels- und Versorgungsposten am Santa Fe Trail. Rechts unten: Den Prairiewind nützt man zur Gewinnung von Energie, hier bei Pawnee Buttes. Rechts oben: Zu den Dünen mit der historischen Eisenbahn.

40 Great Sand Dunes National Park

Dünen ohne Meer

Sanddünen, so weit das Auge reicht – und kein Meer in Sicht. Dafür erhebt sich gleich östlich der bis zu 230 Meter hohen Dünen eine mächtige Bergkette. Die Great Sand Dunes im Süden des Bundesstaates Colorado bilden mit den Rocky Mountains als Hintergrundkulisse eines der ungewöhnlichsten Naturdenkmäler im Westen des nordamerikanischen Kontinents.

Es dauerte bis in den Herbst des Jahres 2004, dass das Naturwunder im Süden Colorados als Nationalpark ausgewiesen wurde. Allerdings hatten die Sanddünen zu Füßen der mehr als 4000 Meter hohen Sangre de Cristo Range schon in den 1930er-Jahren den Status als National Monument bekommen. Im Mittelpunkt des 340 Quadratkilometer großen Schutzgebietes im San Luis Valley, etwa auf halbem Weg zwischen Denver und Santa Fe gelegen, ragen die Sanddünen bis zu 230 Meter hoch über die Ebene.

Geformt von Wind und Wetter

Vor etwa 440 000 Jahren sollen die Dünen entstanden sein. Obwohl nicht am Meer gelegen, bot das San Luis Valley die nötigen Voraussetzungen zur Dünenbildung: Sand, Wind und eine natürliche Barriere. Der nahe Rio Grande und seine Nebenflüsse schwemmten aus den Bergen Schlamm, Kies und Sand, der sich im San Luis Valley über Jahrtausende hinweg ablagerte. Die hier stets aus westli-

cher Richtung kommenden Winde wirbelten Sand und Staub auf und wehten sie vor sich her. Da sich am östlichen Talrand die mächtige Sangre-de-Cristo-Bergkette wie eine Wand aufbaut, konnte der Wind nur die leichten Partikel über die Gipfel tragen. Die schweren Sandkörner lager(te)n sich am Fuße der Berge ab und bildeten im Laufe der Zeit eine Sanddünenlandschaft.

Da im San Luis Valley die Landwirtschaft an Bedeutung gewonnen hat und neue Weide- und Grasflächen entstanden sind, scheint das Wachstum der Dünen gebremst. Dennoch verändern die Winde die Sanddünen auch weiterhin und formen immer wieder neue faszinierende Gebilde. Einblicke in die geologischen Besonderheiten des Tals gibt das Visitor Center. Vom Parkplatz führen kürzere und weitere Wanderungen in die Welt der Sanddünen hinein.

Bedeutende Handelsroute

Die Sangre de Cristo Range ist Teil der sich vom Süden Colorados über 350 Ki-

lometer nach New Mexico erstreckenden Sangre de Cristo Mountains. Die mächtige Bergkette bildet den südöstlichen Teil der Rocky Mountains und diente Reisenden aus dem Osten als wichtige Orientierungshilfe. Der erste »Highway« in den Westen war um 1820 entstanden. Damals leitete William Becknell eine Muli-Karawane mit Handelswaren vom Missouri-Territorium ins damals mexikanische Santa Fe. Mit beträchtlichem Gewinn und spanisch-mexikanischen Waren kehrte Becknell zurück. Etwa 1500 Kilometer lang war die Strecke zwischen der Ortschaft Independence (heute ein Vorort von Kansas City) westwärts bis zu den Sangre de Cristo Mountains und weiter südwärts nach Santa Fe, das bis 1848 das »Tor nach Mexiko« war.

Als Santa Fe Trail gehörte dieser Weg zu den bedeutendsten Handelsrouten der Welt. Begehrte Handelswaren aus dem Norden waren Stoffe aus Baumwolle und Kattun, Seide, Samt und Spitze, aber auch Werkzeuge und Bücher. Im Gegen-zug kamen aus Mexiko Gold und Silber, Pferde und Maultiere. Erst mit dem Aufkommen der Eisenbahn um 1880 verlor die Route an Bedeutung.

Im Unterschied zu anderen berühmten Trecks durch den Westen wie den Oregon und California Trails, die ab den 1840er-Jahren unzählige Siedler ins »gelobte Land« brachten, hatte der Santa Fe Trail hauptsächlich kommerzielle Bedeutung.

Zum Schutz der Händler wurden mehrere Militärposten wie Fort Union (1851) oder Fort Larned (1860) errichtet. Bent's Old Fort, im Südosten Colorados und in Sichtweite der Sangre de Cristo Mountains, war dagegen schon 1833 von drei Trappern, darunter William Bent, als Versorgungs- und Handelsstation errichtet worden. Die Ortschaft entwickelte sich zum wichtigen Zwischenstopp auf dem Santa Fe Trail. Noch heute erlaubt das Fort mit seinen restaurierten Bauten eine Zeitreise in die abenteuerlichen Tage des »Wilden Westens«.

EISENBAHNFAHRT ZU DEN DÜNEN

Südlich des Great Sand Dunes National Park haben im Umfeld der Ortschaft Alamosa zwei historische Eisenbahnlinien alle Modernisierungen überstanden und laden heute die Besucher zu Sonderfahrten ein: Die Rio Grande Scenic Railroad fährt von Alamosa nach La Veta und ins südlich gelegene Antonito und passiert dabei auch die Great Sand Dunes. Von Antonito überwindet eine weitere historische Eisenbahn, die Cumbres & Toltec Scenic Railroad, die rund 100 Kilometer lange Distanz nach Chama im benachbarten New Mexico. Die Strecke führt durch die enge Toltec Gorge und über den fast 3000 Meter hohen Cumbres Pass und gilt als eine der schönsten Eisenbahnstrecken Colorados.

WEITERE INFORMATIONEN

Great Sand Dunes National Park: www.nps.gov/grsa, $ 3/Person.
Bent's Old Fort: www.nps.gov/beol
Rio Grande Scenic Railroad: www.riogran descenicrailroad.com
Cumbres & Toltec Scenic Railroad: www.cumbrestoltec.com
Alamosa: www.alamosa.org

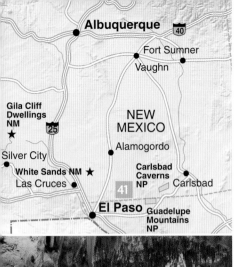

41 Carlsbad Caverns National Park

Höhlenwelt unter der Wüste

Große Schwärme von Fledermäusen machten Siedler auf die Höhlen im Grenzgebiet der Bundesstaaten Texas und New Mexico aufmerksam, doch als »Entdecker« der Carlsbad Caverns gilt ein Cowboy namens Jim White. Er hatte angeblich bei einer Kontrolle der Weidegebiete im Jahr 1898 die faszinierende Höhlenwelt unter der Wüstenlandschaft als erster Weißer entdeckt.

In der Chihuahua-Wüste, einem großen Wüstenbecken, das ins südliche Mexiko hineinreicht, liegt im US-Bundesstaat New Mexico der Carlsbad Caverns National Park. Im Nordosten bilden die Guadalupe Mountains, die südlichsten Ausläufer der Rocky Mountains, die prächtige Hintergrundkulisse für diese scheinbar eintönige Wüstenlandschaft.

Hunderte von Höhlen

Umgeben von Kakteen und Agaven, Sand und Felsen fällt es schwer sich vorzustellen, dass sich unter der hitzeflirrenden Oberfläche ein riesiges Höhlensystem verbirgt. Bislang sind 117 Höhlen bekannt, sie stehen im Carlsbad Caverns National Park unter Schutz und gehören zum Weltnaturerbe der Menschheit. Der Nationalpark liegt am Fuße der Guadalupe Mountains und bietet einer Reihe von Ökosystemen zwischen Wüste und Hochgebirge Raum. Hier haben sich vor Millionen Jahren die spektakulären Felsformationen und tiefen Canyons des Permian Reef gebildet. Der höchste Berg

von Texas, der 2667 Meter hohe Guadalupe Peak, überragt die Region, die als Guadalupe Mountains National Park ihrerseits unter Naturschutz steht. Während dieser Nationalpark kaum erschlossen und daher auch wenig besucht ist, pilgern mehr als 400 000 Neugierige in das bis zu 490 Meter unter der Oberfläche gelegene Höhlensystem des Carlsbad Caverns National Park. Übertroffen werden die Besucherzahlen nur von der halben Million Bulldoggfledermäusen (*Tadarida brasiliensis*), die hier leben sollen. Tagsüber hängen sie kopfunter in der Nähe des natürlichen Eingangs in der sogenannten Bat Cove. Mehrere Höhlentouren stehen zur Wahl: auf eigene Faust mit Audio-Guide zum Beispiel durch Big Room oder Natural Entrance, von Parkrangern geleitet durch Kings Palace oder den Left Hand Tunnel.

Weiße Dünen in der Wüste

Auf dem Highway 82 geht es von Carlsbad durch die Chihuahua-Wüste nach Westen. Wenige Kilometer hinter Alamo-

Oben: Unter dem Wüstenboden im Südosten von New Mexico überraschen die Carlsbad Caverns mit einer faszinierenden Höhlenwelt. Unten: Wandmalerei in Downtown El Paso, der berühmt-berüchtigten Grenzstadt zwischen Texas und Mexiko. Rechts unten: Die Dünen im White Sands National Monument. Rechts oben: Enchilada Festival in Santa Cruces.

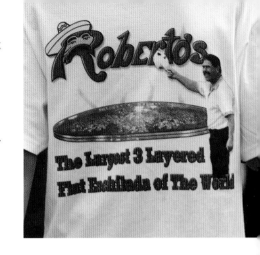

gordo – jenem Ort, der durch den ersten Atombombentest im Sommer 1945 bekannt wurde – wartet ein ungewöhnliches Naturdenkmal: das White Sands National Monument. Dahinter verbirgt sich ein mehr als 700 Quadratkilometer großer Gipsfelsen, von dem durch Wettereinflüsse kristalliner Gips erodierte. Vom Wind verblasen, formierte sich der Gips im Laufe von 250 Millionen Jahren zu großen Sanddünen.

Die nahe gelegene Stadt Las Cruces bietet mit ihrer Mischung aus Wildwest und mexikanisch-hispanischer Kultur das Kontrastprogramm zum stillen Gipsriesen. Das Prunkstück der kleinen Gemeinde im Südosten New Mexicos ist die Altstadt, La Mesilla. Hier stehen gut erhaltene historische Gebäude im Adobe-Stil, in denen kleine Läden und Lokale zum Bummel einladen.

Bekannteste Bewohner des Ortes waren Pat Garrett, der lokale Sheriff, und der 1859 in New York (oder Indiana) geborene Patrick Henry McCarty (oder William H. Bonney). Als »Billy the Kid« wurde er zu einem der legendärsten Outlaws des Westens. 1880 in Las Cruces zum Tode verurteilt, konnte er Sheriff Garrett zunächst entkommen. Drei Monate später brachte ihn der Ordnungshüter dann aber doch zur Strecke und erschoss ihn auf der Flucht. Ende 2010 hat Billy the Kid erneut für Schlagzeilen gesorgt: New Mexicos damaliger Gouverneur Bill Richardson hatte die posthume Begnadigung des Revolverhelden endgültig abgelehnt.

Zwillingsstädte

»El Paso del Norte«, den nördlichen Übergang, nannten Reisende einst eine Furt über den Rio Grande, etwa 80 Kilometer südlich von Las Cruces. Im Jahr 1659 wurde an der Südseite des Flusses eine Siedlerkolonie gegründet, 1827 eine weitere am Nordufer. Daraus entstanden später die US-Grenzstadt El Paso und Ciudad Juarez in Mexiko.

Heute leben im Ballungsraum mehr als eine Million Menschen. El Paso galt früher als raues Pflaster- und ein wenig von diesem Ruf ist bis heute geblieben. Auf alle Fälle gehören Cowboystiefel – die unter anderem die Firmen Luccese oder J. B. Hill hier produzieren – und Cowboyhüte zur unverzichtbaren Grundausstattung.

NEW MEXICO

Alamogordo
White Sands NM
Las Cruces
Carlsbad Caverns NP
Carlsbad
El Paso Guadelupe Mountains NP
Amarillo

MEXIKO

Big Bend NP
42

Oben: Ein Rafting-Trip auf dem Rio Grande River durch den Big Bend NP. Unten: In einer Flussschleife des Rio Grande River im Big Bend NP. Rechts unten: Der »andere« Grand Canyon, der Palo Duro Canyon nahe Amarillo, war einst Rückzugsgebiet der Comanche-Indianer. Rechts oben: Erinnerung an den Ölboom im Permian Basin Petroleum Museum.

42 Texas Panhandle

Fluss, Pfannenstiel und »Palisade«

»Zwischen Texas, Arizona, New Mexiko und dem Indianer-Territorium (...) liegt eine weite furchtbare Strecke Landes, welche die ›Sahara der Vereinigten Staaten‹ genannt werden könnte (...) Die Bewohner der umliegenden Territorien geben ihr verschiedene, bald englische, bald französische oder spanische Namen; weithin aber ist sie wegen der eingerammten Pfähle, welche den Weg bezeichnen sollen, als *Llano estacado* bekannt.«

Mit diesen Worten beschrieb einst Karl May in »Winnetou III« (1893) jene Region im Westen von Texas, die heute als »Texas Panhandle Plains« bekannt ist. Einige vermuten, dass sich diese Bezeichnung von den durch Pfosten markierten Wegen ableitet. In Wahrheit hatten die Spanier diese baum- und strauchlose Hochwüstenebene aber beschrieben als »mit einer Palisade versehen« (span. *Llano estacado*). Nähert man ihr sich heute etwa auf dem Highway 84 von Abilene, sieht man, was gemeint ist: Die Hochebene erhebt sich einer Barriere gleich über der flachen Prärie.

Leben am »Großen Fluss«

Im dünn besiedelten Südwesten von Texas bestimmen neben dem Llano estacado und der schier endlosen Weite der Grasebene der mächtige Rio Grande und sein tief eingeschnittenes Flusstal das Landschaftsbild. In einer Flussschleife liegt der Big Bend National Park, eines der schönsten Naturareale des Südwestens, das jedes Jahr etwa 370 000 Besucher anzieht.

Der Rio Grande, der »große Fluss«, entspringt in den südlichen Rocky Mountains und mündet nach etwa 3000 Kilometern in den Golf von Mexiko. Südlich von El Paso markiert der Rio Grande zugleich die Grenze zwischen Texas und Mexiko. Hier vermengen sich die diversen ethnischen Strömungen – Bräuche und Traditionen der spanischen Kolonialwelt, der indianischen Ureinwohner und der im 19. Jahrhundert zugewanderten Europäer und Amerikaner.

Rekordverdächtiger Canyon

Eine weniger bekannte Naturlandschaft ist der »andere« Grand Canyon – der Palo Duro Canyon, nahe Amarillo und der Ortschaft Canyon gelegen. Dabei handelt es sich um die zweitgrößte Schlucht Nordamerikas mit den Traummaßen: 200 Kilometer Länge, bis zu

30 Kilometern Breite und über 240 Metern Tiefe.

Hier hatten die »Lords of the Plains«, die Comanche-Indianer, ihr letztes Refugium. Seit dem frühen 18. Jahrhundert beherrschten sie als ausgezeichnete Reiter, geschickte Händler und furchtlose Krieger diesen Teil des Westens. Lange konnten die Comanchen die Ausbreitung der Europäer verhindern, ehe sie 1875 bei einem Angriff der US-Armee ihre riesige Pferdeherde verloren. Der Lebensgrundlage beraubt, von Siedlern und Ranchern eingeengt und von eingeschleppten Krankheiten geschwächt, blieb den stolzen Reitern nur der Rückzug in ein Reservat.

»Step into the Real Texas!«

Das Panhandle Plains Historical Museum in der Ortschaft Canyon informiert multimedial über die Besiedelungsgeschichte der Region. Nicht nur für Anhänger der Route 66 ist das nördlich gelegene Amarillo ein Begriff, auch unter Pferdefreunden genießt es einen besonderen Ruf: Hier hat die American Quarter Horse Association samt dem gleichnamigen Museum ihren Hauptsitz.

Das südlichere Lubbock rühmt sich dagegen, die Heimat von Buddy Holly zu sein. Der Musiker wurde 1936 hier geboren. Er beeinflusste die Rockmusik mit Hits wie »Peggy Sue«, »Oh Boy!« oder »That'll be the Day« entscheidend und wirkte auch nach seinem frühen Tod bei einem Flugzeugabsturz stilbildend auf spätere Musikergenerationen.

Auf der Hochebene des Llano estacado dominieren heute Baumwollfelder und riesige Weideflächen. War im 20. Jahrhundert noch das Öl die Quelle des Wohlstands gewesen, wird dagegen heute verstärkt Erdgas gefördert; zudem gewinnen alternative Energiequellen wie Windenergie an Bedeutung. Dabei macht man sich den auf der Grasebene omnipräsenten Wind zu Nutze.

SHAKESPEARE IN TEXAS

Nicht unbedingt in dieser Ecke von Texas, wo es mehr Rinder und Pferde zu geben scheint als Menschen, würde man etwas wie das »Globe of the Great Southwest« erwarten: Das Theater in Odessa ist eine exakte Kopie von Shakespeares Globe Theatre in London. Außer Shakespeare-Stücken stehen Bluegrass-Konzerte und Broadway Musicals auf dem Programm. Über die Bedeutung der Region als Ölfördergebiet informiert das Permian Basin Petroleum Museum im nahe gelegenen Städtchen Midland.

WEITERE INFORMATIONEN

Big Bend NP: www.nps.gov/bibe
Palo Duro Canyon SP, SR 217 (ausgeschildert), www.paloducanyon.com
Amarillo: www.visitamarillotx.com, www.aqhhalloffame.com (American Quarterhorse Hall of Fame & Museum)
Lubbock: www.visitlubbock.org, www.buddyhollycenter.org
Permian Basin Petroleum Museum, Midland, http://petroleummuseum.org
Globe of the Great Southwest, Odessa, www.globesw.org
Panhandle Plains Historical Museum, Canyon, www.panhandleplains.org

Oben: Beim Crow Fair Indian Powwow auf der Crow Agency in Montana. Mitte: Monument für vier bedeutende US-Präsidenten: das Mount Rushmore National Memorial in den Black Hills von South Dakota. Unten: Cowgirls auf der Red Rock Ranch, eine von vielen Guest Ranches im Westen. Rechts: Die Prärie blüht – hier im Tongue River Canyon in Wyoming.

Die Prärie

43 Sheridan/Wyoming

Der wahre Wilde Westen

Heute gilt die kleine Ortschaft Sheridan im Norden von Wyoming als Bilderbuch-Westernstadt – vor 120 Jahren war sie ein Vorposten für Cowboys und Siedler mitten im Indianerland. Vor einigen Jahren wurde Sheridan von der Zeitschrift True West Magazine zur »Top Western Town« ernannt, seitdem ist die touristische Bedeutung enorm gewachsen.

An der Bar lehnen ein paar Cowboys und trinken Bier, der Barkeeper poliert Gläser, im Hintergrund klimpert lustlos ein Klavierspieler – plötzlich ertönt Hufgetrappel, die Schwingtür springt auf. Kein Geringerer als Buffalo Bill reitet auf seinem Pferd in den Saloon und brüllt: »Whiskey für alle – Bier für mein Pferd!«. So etwa könnte es gewesen sein, als vor rund hundert Jahren Buffalo Bill nach Sheridan kam. Seine Lieblingsbar gibt es heute noch, sie ist die Attraktion des historischen Hotels Sheridan Inn, an dessen Gründung der umtriebige Westernheld maßgeblich beteiligt war. Das Sheridan Inn, gegenüber dem alten Bahnhof, verfügte bei seiner Eröffnung 1893 als erstes Gebäude der Stadt über Strom, Telefon und fließendes Wasser. Für Buffalo Bill war Sheridan seit den 1890er-Jahren ein beliebtes »hide-out«. An diesem Rückzugsort entfloh er dem Rummel um seine Person, hier schwärmte er mit alten Kumpels vom Wilden Westen und plante seine weltberühmte Wild West Show. Calamity Jane,

Annie Oakley oder auch der spätere Präsident Theodore Roosevelt gingen im Sheridan Inn ein und aus und man feierte rauschende Feste. Die alte Herberge steht kurz vor der Wiedereröffnung als luxuriöses historisches Hotel, finanziert von unzähligen privaten Spendern. Bar und Restaurant im Erdgeschoss des Hauses sind schon seit Längerem beliebte Treffpunkte.

»The West at its Best«

Das Sheridan Inn und Buffalo Bill haben das Städtchen Sheridan berühmt gemacht. Doch es gibt noch andere Faktoren, die zum Eindruck einer unverfälschten »Western Town of America« beitragen: Aushängeschild sind die Historic Main Street mit über 30 historischen Gebäuden, in die attraktive Shops und Lokale eingezogen sind. Ein weiterer Publikumsmagnet sind Western Events wie das WYO Rodeo im Juli eines jeden Jahres.

Sheridan ist lebendiger Westen und nicht oberflächlich aufpolierte Fassade oder

Oben: In der legendären Mint Bar in Sheridan kann man sich wie in einem »echten Saloon« fühlen. Unten: Auf der Flying A Ranch, einer Guest Ranch, kann man sich den Traum vom Cowboy oder -girl auf Zeit erfüllen. Rechts unten: »Wide Open Space«, macht einen Ausritt zu einem unvergesslichen Erlebnis. Rechts oben: »Cowboy Breakfast« unter freiem Himmel.

bloßer Touristenkitsch. Und selbst wenn die Main Street nicht mehr staubig ist und auch hoch zu Ross nur selten ein Cowboy durch die Stadt prescht, scheint die Zeit stehen geblieben zu sein: Da ist beispielsweise die hundertjährige Mint Bar und, gegenüber, King's Saddlery, seit Jahrzehnten eine Institution im Westen. Kunstvoll verzierte Sättel begründeten den Ruf des Familienunternehmens, inzwischen spielt die Lasso-Produktion im Untergeschoss des Geschäfts die wirtschaftlich wichtigere Rolle.

Von Schlachtfeldern und Friedensschlüssen

Sheridan liegt auf halbem Weg zwischen dem Yellowstone National Park im Westen und den Black Hills im Osten, am Fuße der Big Horn Mountains. Hier hatte John M. Bozeman in den frühen 1860er-Jahren einen Trail als Abkürzung von Fort Laramie im Südwesten Wyomings zu den Minengebieten im Südwesten Montanas entdeckt.

Das große Pech war nur, dass sich die Lakota-Sioux-Indianer um den charismatischen Häuptling Red Cloud vehement gegen die Eindringlinge wehrten. Legendär wurde das Fetterman-Massaker am 21. Dezember 1866: Eine Gruppe Lakota und Cheyenne unter Führung von Crazy Horse hatten Lieutenant Colonel William Fetterman – »Gebt mir ein paar Mann und ich fege diese Wilden aus dem Land!«, war seine Devise – und 81 seiner Männer in einen Hinterhalt gelockt und getötet.

Daraufhin gab die US-Regierung die Militärforts entlang des »Bloody Bozeman«-Trail wieder auf und garantierte 1868 im »Frieden von Laramie« den Indianern das Land. Spuren jener Zeit finden sich im Umfeld von Sheridan mehrfach, zum Beispiel im nachgebauten Fort Phil Kearny oder an der Fetterman Massacre Site. Südlich von Fort Phil Kearny stößt man in der Ortschaft Buffalo auf ein weiteres historisches Hotel, das Occidential. Berühmtester Gast war der Schriftsteller Owen Wister, der hier große Teile des *Virginian* (1902) schrieb – das Buch ging als erster Western in die Literaturgeschichte ein.

URLAUB AUF DER RANCH

Ranchurlaub hat in den USA bereits mehr als 100 Jahre Tradition. Die zu Beginn des 20. Jahrhunderts einsetzende Romantisierung des Westens begünstigte diesen Trend ebenso wie der Ausbau des Schienennetzes. Rasch erkannten Rancher, dass man mit finanzkräftigen Urlaubern aus den Städten Geld verdienen und sich ein zusätzliches Standbein schaffen konnte – die Idee der »Dude Ranches« war geboren. Zu den ältesten, noch heute betriebenen »Urlaubs-Ranches« gehören die Eaton's Ranch bei Sheridan (www.eatons ranch.com) und die Paradise Ranch (www.paradiseranch.com) nahe Buffalo, beide im US-Bundesstaat Wyoming. **Infos zu Guest Ranches:** www.guestran ches.com, www.duderanches.com; in Deutschland : www.argusreisen.de

WEITERE INFORMATIONEN

Sheridan: www.sheridanwyoming.org; www.sheridaninn.com (Historic Sheridan Inn).
Buffalo: www.buffalowyo.com; www.occi dentalwyoming.com (Historic Occidental Hotel & Saloon).
Big Horn Mountains: www.bighornmoun tains.com

44 Little Bighorn Battlefield National Monument

General Custers letzter Kampf

Kaum ein anderes Indianervolk – mit Ausnahme der Apachen und Comanchen im Südwesten – hat sich derart vehement gegen weiße Eindringlinge zur Wehr gesetzt wie die Sioux und die befreundeten Cheyenne. Als »Indianerkriege« oder »Great Sioux War« gingen die Kämpfe in die Geschichte ein. Der traurige Höhepunkt der Auseinandersetzungen war die Schlacht am Little Bighorn im Sommer 1876.

In den Weiten der Prärie, im Land der Crow-Indianer, erinnert das Little Bighorn Battlefield National Monument an jene legendäre Schlacht zwischen der US-Armee und den Sioux-Indianern im Süden des Bundesstaates Montana. Im Grunde war es an diesem 25. Juni 1876 nicht die Niederlage der Armee, die die Auseinandersetzung weltberühmt machte. Entscheidender war der Umstand, dass der Befehlshaber George Custer, ein ebenso schillernder wie umstrittener Offizier, vernichtend von den »Wilden« geschlagen wurde.

Der genaue Hergang ist ungeachtet aller Forschungen bis heute ungeklärt und gibt noch immer Anlass zu Diskussionen. Schließlich hatte keiner der Soldaten überlebt, und die Indianer hielten sich mit Aussagen zurück. Die schon Tage nach dem Ereignis aufkommenden Berichte dienten offenbar bewusst der Legendenbildung: Custers Frau und später Buffalo Bills Wild West Show stilisierten

die Soldaten zu Helden. Trotz wissenschaftlicher Zweifel blüht der Mythos weiter.

Heute steht das Schlachtfeld unter Denkmalschutz. Auf einer Rundfahrt über das Areal lernen Besucher die wesentlichen Punkte der Schlacht kennen. An »Custer's Last Stand«, wo Custers Truppen angeblich ihre letzte Stellung bezogen hatten, befindet sich ein Museum, das Erklärungsversuche unternimmt. Das nördlich des Schlachtfelds gelegene Hardin ist alljährlich Schauplatz eines dreitägigen Custer's Last Stand Reenactments, einer Nachstellung jener legendären Schlacht.

Idol und Kavalier

Der »Boy General« war aufgrund seiner Bravourstücke im Bürgerkrieg nicht nur zum Idol der Kavallerie geworden, sondern zugleich zum »uniformierten Prinzen«. Custers ungewöhnliches Auftreten mit breitkrempigem Hut, rotem Halstuch

Oben: Die »Warriors of the Plains«, die Prärie-Indianer, haben ihre Heimat gegen die weißen Eindringlinge vehement verteidigt. Unten: General George Custer führte die 7. Kavallerie aus falschem Ehrgeiz ins Verderben. Rechts unten: Mit »Custer's Last Stand Reenactment« am Little Bighorn River erinnert man noch heute an die legendäre Schlacht im Sommer 1876.

und blonder Lockenpracht sorgte für Aufsehen. Seiner Popularität bei den Damen konnte auch die Heirat mit Elizabeth »Libbie« Bacon keinen Abbruch tun – im Gegenteil: Das galante Auftreten und die harmonische Ehe steigerten seine Beliebtheit nur noch.

Nach dem Bürgerkrieg in den Westen abkommandiert, sorgte er auch dort für Aufsehen. Unter Offizieren wegen seiner Eigenwilligkeit unbeliebt, wurde Custer von der Öffentlichkeit als Haudegen und Kavalier bewundert. Zudem machte er als offizieller Jagdbegleiter des russischen Großfürsten Alexander in die Plains (1872) und als Leiter der folgenreichen Expedition in die Black Hills (1874), die den dortigen Goldrausch auslöste, von sich Reden.

»Warriors of the Plains«

Wenn sich heute die Nachfahren der Prärie-Indianer alljährlich beim Crow Fair Powwow auf dem Land der Crow-Indianer, nahe dem Schlachtfeld, zum Handeln, Feiern und Tanzen treffen, werden jene Tage im Sommer 1876 wieder lebendig. Prächtige Adler-Federhauben, bemalte Oberkörper, Leggins und Lendenschurz rufen Erinnerungen an Hollywood-Filme, Erzählungen Karl Mays oder Gemälde Karl Bodmers wach.

Die Sioux hatten sich im frühen 19. Jahrhundert zur dominanten Macht unter den nördlichen Prärie-Indianern entwickelt. Es handelte sich dabei um kein 'homogenes Volk, sondern um den losen Zusammenschluss dreier sprachverwandter Gruppen: der Dakota östlich des Missouri, der Lakota oder Teton in den Weiten der Great Plains und, geografisch zwischen beiden gelegen, der Nakota. Berühmt wurden besonders die Lakota-Stämme Oglala und Hunkpapa, da sie heftigen Widerstand gegen die weißen Eindringlinge leisteten und als »Warriors of the Plains« gefürchtet waren. Neben den legendären Stammesführern Red Cloud und Sitting Bull gilt besonders Crazy Horse, der Sieger der Schlacht am Little Bighorn, noch heute als uneingeschränkter Held der Lakota.

SPEKTAKULÄRER BIGHORN RIVER

Südwestlich des Schlachtfeldes hat sich auf über 100 Kilometer Länge der Bighorn River durch ein felsiges Hochplateau gefressen und über Jahrmillionen einen atemberaubenden Canyon geschaffen. Die Wände des Bighorn Canyon fallen über 300 Meter steil ab. Die Unwegsamkeit des Geländes schützte die Natur lange vor menschlichen Eingriffen, und erst 1968 entstand die 160 Meter hohe Staumauer des Yellowtail Dam, die den Bighorn Lake hervorbrachte. Trotz dieses Eingriffs ist das Naturerlebnis in der Bighorn Canyon National Recreation Area einmalig.

WEITERE INFORMATIONEN

Bighorn Canyon National Recreation Area: www.nps.gov/bica, $ 5/Pkw. **Little Bighorn Battlefield National Monument:** www.nps.gov/libi, $ 5/Person. **Touren:** Apsaalooke Tours, http://visitmt.com/categories/moreinfo.asp?IDRRecordID=13364&siteid=1. Crow-Indianer erläutern auf Touren über das Schlachtfeld ihre Sicht der Ereignisse. **Reenactment:** www.custerlaststand.org **Crow Fair:** www.crow-fair.com

45 Devil's Tower National Monument

Heiliger Berg der Prärie-Indianer

Die Prärie-Indianer erklären sich die Form des Devil's Tower mit einer Legende: Ein paar Indianermädchen flüchteten vor einem Bären, als ihnen der Große Geist zu Hilfe kam. Er ließ unter ihren Füßen einen Fels aus dem Erdboden wachsen. Vergeblich versuchte der Bär, an den steilen Wänden hochzuklettern, und kratzte dabei tiefe Rillen ins Gestein. Die Mädchen jedoch waren hoch oben gerettet.

Er lässt sich in den Weiten der nordamerikanischen Prärie im Osten Wyomings nicht verfehlen, der Devil's Tower. Steil ragt der Monolith aus dem Grasland heraus. Seine Form erinnert an einen Baumstumpf, der von senkrechten Riefen durchzogen ist. Die *Native Americans* verehrten ihn als heiligen Berg und auch die ersten weißen Betrachter waren beeindruckt: »Die bemerkenswerte Struktur, seine Symmetrie und seine exponierte Lage machen ihn zu einem unfehlbaren Gegenstand der Bewunderung«, schrieb Henry Newton, Wissenschaftler einer Vermessungsexpedition im Jahr 1875.

Schon früh wurde der Monolith unter Schutz gestellt. Eine kurze Stichstraße führt vom Highway 24 zu dem National Monument und endet an einem kleinen Besucherzentrum. Es informiert über die geologische Entstehung des Felsens aus Vulkanmagma wie über seine Bedeutung als heiliger Ort der Indianer.

Der Devil's Tower steht knapp 400 Meter über der Talsohle und 264 Meter über dem Besucherzentrum. Absolut gerechnet, erreicht der eigenartige Berg eine Höhe von rund 1600 Metern. Er überragt damit sogar die benachbarten Black Hills, die »heiligen Berge« der Prärie-Indianer. Entstanden ist der »Turm des Teufels« durch starke Erhitzung im Erdinneren, die zum Auswurf metamorphen Gesteins entlang einer geologischen Bruchlinie geführt hat. Die Rinnen in den Felswänden des Devil's Tower bildeten sich vor etwa 60 Millionen Jahren heraus, als Magma durch die Erdschichten drang und im Laufe der Zeit zu einem Lavakegel erodierte. Die Außenhaut erstarrte säulenförmig, und das herablaufende Wasser vertiefte die Rillen im Fels.

»National Monument« Nummer eins

Im September 1906 erklärte US-Präsident Theodore Roosevelt den Devil's Tower zum ersten »National Monument« der Welt. Er hatte nicht nur den geologischen Wert des Naturdenkmals erkannt, sondern wusste auch, dass zwar europäische Siedler ihn »Turm des Teufels« getauft hatten, er für die Plains-Indianer je-

Oben und rechts unten: Der Devil's Tower ragt als Monolith aus der weiten Grasebene heraus. Die Form des »Turms des Teufels« erinnert an einen Baumstumpf, von Rillen durchzogen. Den Indianern ist der Felsen heilig, deshalb steht er unter Schutz. Rechts oben: Schroffe Bergwelt im Bighorn National Forest – idealer Schauplatz für Krimi-Autoren.

142

doch heilig war. Sie nennen den Ort auch »Bear Lodge« (Bärenhütte), bei den Lakota-Sioux heißt er »Mato Tipila« und »Nakovehe« in der Sprache der Cheyenne. Bis heute halten die Prärie-Indianerstämme religiöse Zeremonien an seinem Fuß ab, besonders in den Sommermonaten. Wer auf den Trails rund um den Felsen unterwegs ist, stößt immer wieder auf bunte Tücher und andere kultische Zeichen an den Bäumen. Wie beim Ayers Rock in Australien sind auch am Devil's Tower die Konflikte programmiert. Der »Teufelsturm« gilt als Mekka für Extrem-Bergsteiger – Besucher, die die Indianer eher ungern sehen. Um die Interessen zu vereinbaren, ermahnt die Parkverwaltung zeitweise, vor allem im Juni, wenn die wichtigsten indianischen Feste anstehen, zu einem freiwilligen Kletterverzicht für Climber, der im Allgemeinen auch beachtet wird.

Der Tower Trail führt etwa zweieinhalb Kilometer um den Fuß des Felsens herum. Zunächst geht es über ein mächtiges Geröllfeld, das Zeugnis über die Vergänglichkeit des Felsens ablegt. Denn immer wieder brechen Brocken aus den schartigen Wänden. Weiter geht es durch einen Wald, vorbei an Informationstafeln, die Aspekte von Flora und Fauna, Gestein und Geschichte erklären. Immer wieder stößt der Wanderer auf neue Aussichtspunkte, von denen sich einerseits das ständig wechselnde Farbenspiel des Felsens, andererseits der Ausblick auf die umgebenden Black Hills und die Prärie genießen lässt. Etwa fünf Kilometer lang ist der zweite Wanderweg, der Red Beds Trail, der in größerem Abstand um den Devil's Tower herumführt und eine Prairiedog Town passiert. Von diesem Trail zweigen weitere Wanderrouten in die Umgebung ab.

Aus der Entfernung wirken sie wie eine schwarze Linie am Horizont. Nicht umsonst haben die Lakota der Bergkette den Namen »Paha Sapa« oder »He Sapa«, »Black Hills« oder »Schwarze Hügel« gegeben.

46 Black Hills

Die heiligen Berge der Lakota

Die Black Hills sind eine der wichtigsten Attraktionen South Dakotas, und auf der Fahrt hinein in die Bergwelt versteht man den staatlichen Werbeslogan »Great Faces, Great Places«. An der Flanke des 1718 Meter hohen Mount Rushmore sind weithin sichtbar die Konterfeis der vier bedeutendsten US-Präsidenten gemeißelt, in der Nähe entsteht ein Felsbild von Crazy Horse.

Weil sie aus der Entfernung wirken wie eine schwarze Linie am Horizont, tragen die Berge ihren sprechenden Namen: »Paha Sapa« oder »He Sapa« in der Sprache der Lakota, wo sie als heiliger Ort gepriesen werden. Im Amerikanischen heißen sie schlicht Black Hills. Die »Schwarzen Hügel« verdanken ihren düsteren Eindruck den dichten Kiefernwäldern – in einer poetischen Umschreibung wird der Gebirgszug als eine »Insel aus Bäumen in einem Meer aus Gras« gepriesen.

Als geologische Einheit bilden die Black Hills eine für diese Prärieregion untypische Landschaftsform und zugleich eine der ältesten Gebirgsformationen Amerikas. Vor 60 Millionen Jahren hatte eine langsame Hebung des Geländes eingesetzt, und so drückten sich die Berge durch die Sandschichten der damals noch subtropischen Ebene. Der Sandstein verschwand im Laufe der Zeit durch Erosion, während die Granitfelsen weiter wuchsen; viele Gipfel messen inzwischen über 2000 Meter.

Eine Reise durch die Black Hills lohnt aus mehreren Gründen: zum einen wegen kleiner Wildweststädte wie Deadwood, zum anderen aufgrund der idyllischen Bergwelt. Gekrönt wird der Aufenthalt durch Sehenswürdigkeiten wie das Mount Rushmore National Monument, das Crazy Horse Memorial und die Höhlenwelt der Jewel und Wind Caves. Knochenfunde von Dinosauriern bei Hot Springs sowie der Custer State Park mit seiner Bisonherde vervollständigen das Angebotsspektrum.

Paha Sapa – die »Schwarzen Hügel«
Der Mythos der Black Hills geht auf die Lakota-Indianer zurück. Die Lakota, die zur Sprachgruppe der Sioux gehören, betrachteten sich als »Warriors of the Plains«, Krieger der Prärie. Seit dem 18. Jahrhundert verehrten sie die Black Hills als heiligen Ort. Nachdem 1874 eine Militärexpedition unter George A. Custer in die Bergwelt vorgedrungen war, war es endgültig vorbei mit der Ruhe. Custer war beauftragt, die Region

Oben: Unvermittelt taucht das Gesicht von George Washington aus der Felswand des Mount Rushmore auf. Unten: Der indianische Maler Del Iron Cloud vor dem Crazy Horse Memorial. Rechts oben: In der Prärie sind die Pronghorns, die Gabelböcke, weitverbreitet. Rechts unten: Pilgerort für Amerikaner: die vier »Präsidenten in Stein« im Mt. Rushmore NM.

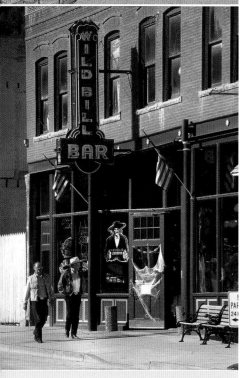

zu erkunden und den Gerüchten über Goldfunde nachzugehen. Man fand tatsächlich Spuren des Edelmetalls und das Schicksal nahm seinen Lauf. Zwar versuchte die US-Armee, einen *Gold Rush* zu verhindern – das Land war gemäß dem Vertrag von Laramie 1868 den Sioux zugesichert: Doch die Geldgier war stärker als das Gesetz. Die Sioux setzten sich zur Wehr, mussten sich jedoch letztlich der geballten weißen Macht beugen und am Ende in Reservate umsiedeln.

Innerhalb weniger Wochen fielen mehr als 25 000 Glückssucher in den Norden der Black Hills ein und stampften eine legendäre Westernstadt aus dem Boden: Deadwood. Dubiose Figuren und Westernhelden wie Wild Bill Hickok, Calamity Jane oder Seth Bullock waren hier zu Hause, und ein Hauch Wildwest zieht noch immer durch die Straßen. In der Nähe hat der Schauspieler Kevin Costner den Indianern und dem Leittier der Prärie, dem Bison, ein Denkmal gesetzt: »Tatanka – Story of the Bison« heißt das Informationszentrum, in dem es um die mächtigen Tiere sowie um das Leben der Lakota geht. Auch das Journey Museum in Rapid City, der größten Stadt am nordöstlichen Rand der Black Hills, stellt die Indianer in den Mittelpunkt, es gibt zudem einen Einblick in Natur und Geschichte der ganzen Region.

Vier Präsidenten in Stein

Der Bildhauer John Gutzon Borglum (1867–1941) hatte eine Vision: Er wollte jene vier Präsidenten in Stein verewigen, die Amerikas Schicksal entscheidend beeinflusst hatten. Schon im 19. Jahrhundert existierten Pläne, eine solche überdimensionale Felsskulptur in den Rocky

Mountains zu schaffen, 1849 stand beispielsweise Christoph Columbus zur Debatte. Erst 1923 lenkte der Historiker Doane Robinson die Aufmerksamkeit auf die Black Hills: »ein Gebirge, das den Zugang zum Westen und zugleich das Tor zu einem anderem Naturraum (die Rockies) bedeutet«.

Ein überdimensionales Felsbild wurde ins Auge gefasst und Robinson schlug als geeignete Kulisse die sogenannten Needles, eine Felsformation südöstlich des Mount Rushmore vor. Proteste gegen diesen Standort und die ursprüngliche Motivwahl – Indianer und Pioniere des Westens –, ließen das Vorhaben zunächst scheitern. 1925 wurde dann der Bildhauer John Gutzon Borglum für das Projekt gewonnen, für dessen Umsetzung der US Kongress eine eigene Kommission, die Mount Rushmore National Memorial Commission, eingesetzt hatte. Borglum hatte bereits zu Ehren der Konföderierten ein Relief am Stone Mountain bei Atlanta in den Fels gehauen und mehrere Standbilder in Washington (unter anderem die Lincoln-Statue im Kapitol), New York und anderen Städten geschaffen. Der Bildhauer Borglum, der an der Julian-Akademie in Paris studiert hatte, galt als begabt und enthusiastisch genug für diese große Aufgabe. Der Auftrag lautete, ein Relief zu schaffen, das die Stärke und Bedeutung der amerikanischen Nation symbolisieren solle. Der Künstler griff seine alte Idee auf, verdiente Persönlichkeiten in Form eines »Shrine of Democracy« zu verewigen. Als erstes Porträt entstanden die Gesichtszüge von George Washington. Der erste Präsident der USA (1789–1797) steht für die demokratischen Grundlagen

Oben: Das riesige Porträt des legendären Crazy Horse ist nach jahrzehntelanger Arbeit inzwischen fertiggestellt. Unten: Einst eine berüchtigte Wildwest Town war das Städtchen Deadwood mitten in den Black Hills. Rechts unten: Ein Modell zeigt, wie das Crazy Horse Memorial in den Black Hills einmal aussehen wird. Rechts oben: Vor der Eagle Bar in Deadwood.

der USA. Dann folgte Thomas Jefferson, der als dritter Präsident (1801–1809) die »Declaration of Independence« verfasste. Zu seinen Verdiensten zählt auch, die Expansion nach Westen forciert zu haben. Abraham Lincoln war der 16. und bedeutendste US-Präsident (1861–1865). Er verhinderte das Auseinanderbrechen der Nation in einen Nord- und einen Südteil, und er schaffte die Sklaverei ab – wegweisende Schritte zur Wahrung der Grundrechte und Stabilisierung der Demokratie. Der 26. Präsident, Theodore Roosevelt (1901–1909), führte die Nation in die Moderne und bereitete den Weg für Amerikas Stellung als führende »Nation der Welt«. Gleichzeitig setzte er sich für die Ausweisung vieler Nationalparks ein.

Denkmal für die Ureinwohner

Als im Jahr 1939 die Arbeiten am Mount Rushmore in vollem Gange waren, beschloss der Häuptling der Lakota-Sioux, Henry Standing Bear, ebenfalls eine Skulptur in Auftrag zu geben. Zu Ehren seines Volkes und in Erinnerung an den langen Kampf um die Freiheit sollte an der Südwand des Thunderhead Mountain, etwa 20 Kilometer südwestlich von Mount Rushmore, ein Reiterdenkmal für den legendären Crazy Horse, den bedeutendsten Freiheitskämpfer der Lakota-Sioux, entstehen.

Als Bildhauer wurde Korczak Ziolkowski (1908–1982) ausgewählt, der als Assistent am Mount Rushmore mitgeholfen hatte. Er machte sich 1948 ans Werk, nach seinem Tod führte seine große Familie den Auftrag weiter. Gegenwärtig hat man nach Fertigstellung des Porträts mit den Arbeiten am ausgestreckten Arm und am Pferdekopf begonnen. Die Ausmaße der Skulptur sind gewaltig: Alle Präsidentenköpfe am Mount Rushmore finden in dem Pferdekopf Platz. Neben den Dimensionen ist auch die schleppende Finanzierung ein Grund für das langsame Voranschreiten des Werks. Die Indianer wie die Familie Ziolkowski, die das Projekt weiterhin leiten, lehnen öffentliche Gelder ab und bezahlen das Projekt nur aus Spenden bzw. Einnahmen aus dem Besucherzentrum.

BLAUE BOHNEN IN DEADWOOD

Westernlegenden wie Wild Bill Hickok oder Calamity Jane nannten Deadwood ihr Zuhause, und bis heute ist hier ein Hauch Wildwest zu spüren. Auch dem Ruf als einstmals berüchtigter Vergnügungsmetropole wird man noch gerecht: Hinter den renovierten Fassaden der historischen Bauten verbergen sich Spielcasinos. Auf diese Idee waren die Stadtväter in den 1980er-Jahren gekommen, als der Stadt eine Zukunft als Ghosttown drohte. Durch die Legalisierung des Wettspiels sollte Geld für die Renovierung der historischen Bauten in die Kassen fließen. Die TV-Serie »Deadwood« forcierte den Zustrom. Den legendären Saloon No. 10, in dem Hickok 1876 hinterrücks beim Poker erschossen wurde, gibt es nicht mehr – an seiner Stelle steht die Eagle Bar. Hickoks Grab mit Porträtbüste auf dem Mount Moriah Cemetery ist dagegen noch erhalten.

WEITERE INFORMATIONEN

Black Hills: www.blackhillsbadlands.com
Mt. Rushmore: www.nps.gov/moru, $ 11/Pkw.
Crazy Horse Memorial: http://crazyhorse memorial.org, $ 10/Person.
Deadwood: www.deadwood.org; www.storyofthebison.com (Tatanka).
Rapid City: www.visitrapidcity.com

Oben: Die Cowboys ziehen los, um die Bisons im Custer State Park aufzuspüren.
Unten: Einst bevölkerten sie in Millionen die Prärie, dann wurden sie fast ausgerottet. Nun sind die Bisons wieder zurück. Rechts unten: Alljährlich werden beim Buffalo Round-up die Bisons im Custer State Park geimpft und markiert. Rechts oben: Gewitterstimmung.

47 Custer State Park

Buffalo Round-up

Die Erde vibriert wie bei einem Erdbeben, Staubwolken verdunkeln den Horizont. Und dann kommen sie: Zuerst sieht man nur einen mächtigen Körper, dann werden es immer mehr – und plötzlich füllt sich die ganze Ebene mit Bisons, jenen urtümlich anmutenden Tieren, die einst die nordamerikanische Prärie millionenfach bevölkerten.

An diese unvergessliche Szene in Kevin Costners Indianerfilm »Dances with Wolves« fühlen sich jedes Jahr im Herbst die Besucher im Custer State Park im Westen des US-Bundesstaates South Dakota erinnert. Wenn dort die Parkverwaltung ihre Bisonherde zur Sichtung und Kontrolle zusammentreibt, gibt es tagelang unter Naturfreunden, Cowboys, Indianern und Parkrangern kein anderes Thema. Alle fiebern diesem Event entgegen, das unter der Schirmherrschaft des Gouverneurs steht und einmalig in den USA ist.

»Der Bison war für die Prärieindianer, was für uns heute das Öl ist: lebensnotwendig!« Mark Halvorson, Archivar des North Dakota Heritage Centers in Bismarck, versucht zu erklären, wie bedeutend der Bison für die Indianer der Great Plains war. »Pte Oyate«, »Buffalo Nation«, nannten sich deshalb auch die Lakota, eine der drei Gruppen der Sioux-Indianer. Um 1850 sollen noch 13 bis 20 Millionen der bis zu 1000 Kilo schweren Tiere durch die Weiten der Prärie gezogen sein. In der Sioux-Sprache heißen die mächtigen Bullen »Tatanka«, heute werden sie nicht ganz korrekt »Buffalo« (Büffel) genannt. Gegen 1890 zählte man nur noch 800 Exemplare – man hatte sie zu Tausenden Richtung Osten verfrachtet, ihre Haut diente als Schuhleder, ihr Fleisch ernährte die Eisenbahnbauer. Aus den Zügen schossen die Passagiere zum Spaß auf die Tiere und töteten angeblich bis zu 100 am Tag. Die Strategie, mit der Vernichtung der Bisons die Prärie-Indianer entscheidend zu schwächen und in Reservate abzuschieben, ging auf. Ihr Nomadenleben in den Fußstapfen der Bisonherden hatte den weißen Vorstellungen von Sesshaftigkeit und Urbarmachung des Landes im Weg gestanden.

Die Rückkehr der Bisons

Interessanterweise waren es ehemalige Büffeljäger wie Buffalo Bill Cody, die der Ausrottung der Bisons mit dem Aufbau neuer kleiner Herden schließlich entschlossen entgegenwirkten. In den 1880er-Jahren hatte ein gewisser Pete Dupree einige Bison-Kälber eingefangen.

Diese bei Fort Pierre in South Dakota lebende Herde umfasste um 1900 schon 83 Tiere. Als sich die Verantwortlichen des Custer State Parks 1914 entschlossen, in den Black Hills wieder Bisons anzusiedeln, erwarben sie dort ihre ersten 36 Tiere. Seither ziehen sie wieder über die Hügel und Ebenen zwischen Black Hills und Great Plains und sind aus dem Custer State Park nicht mehr wegzudenken.

Rund 1300 Tiere sollen heute hier weiden, doch anders als z.B. im Yellowstone National Park, wo ebenfalls wieder zahlreiche Bisons leben, überlässt die Verwaltung des Custer State Park die Herde nicht komplett der Natur und dem Zufall. Hier werden die Bisons einmal im Jahr zusammengetrieben, registriert und untersucht, geimpft und für die weitere Zucht aussortiert. Mehr als maximal 1500 Tiere kann der rund 300 Quadratkilometer große Custer State Park nicht verkraften. Zudem ist es für den Fortbestand der Herde wichtig, dass Alter und Zusammensetzung stimmen.

Staubige Stampede

»Here They Come! – Sie kommen!« Ein begeisterter Aufschrei geht durch die Besuchermenge, die sich auf den Hügeln um die Buffalo Corrals in der Südostecke des Custer State Park versammelt hat. Eingehüllt von einer dichten Staubwolke donnern mehr als 1000 Bisons über die Prärie auf die Gatter zu – ein atemberaubender Anblick! So mancher Zuschauer dürfte jetzt die Ehrfurcht verstehen, die die Indianer vor diesen zotteligen Riesen empfanden.

Die Büffeljagd war einst das Hauptereignis im Jahreszyklus der Prärie-Indianer. Gemeinschaftlich und streng reglementiert jagte man die gewaltigen Tiere, anfangs, indem man sie über »Buffalo Jumps« (Felsabbrüche) trieb, später vom Pferderücken aus, mit Pfeil und Bogen – eine gefährliche Jagdmethode! Nach der Tötung zerlegten und verwerteten zumeist die Frauen die Kadaver. Dabei wurden alle Teile der Tiere verwendet, als Werkzeuge oder Aufbewahrungsbehältnisse, für Kleidung oder Tipis.

PETER NORBECK SCENIC BYWAY

Benannt nach dem Naturschützer und Politiker aus South Dakota, der im frühen 20. Jahrhundert maßgeblich an der Errichtung des Custer State Park mitwirkte, folgt der Peter Norbeck Scenic Byway einer Reihe von Straßen im Zentrum der Black Hills und durch den Custer State Park. Dieses knapp 30 000 Hektar große Naturareal gibt Gelegenheit, ein paar geruhsame Tage in der Natur zu verbringen, z.B. beim Campen oder Wandern, Reiten oder Kanufahren. Gegründet wurde der Park 1912 – auf Initiative des Lokalpolitikers Norbeck. Drei Abschnitte des Norbeck Scenic Drive führen durch den Park: der Needles Scenic Highway (SD 87) in Nord-Süd-Richtung, die Iron Mountain Road (US 16A) von West nach Ost und die Wildlife Loop Road, die das Parkzentrum umrundet.

WEITERE INFORMATIONEN

Custer SP: www.custerstatepark.info
Peter Norbeck Scenic Byway: http://byways.org/explore/byways/2459.

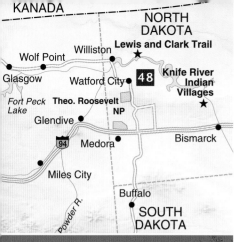

48 Roosevelt National Park

Als der Präsident ein Cowboy war

»Ohne meine Erlebnisse und Erfahrungen, die ich in North Dakota gemacht habe, wäre ich nie Präsident der USA geworden!« Theodore »Teddy« Roosevelt (1858–1919), zwischen 1901 und 1909 amerikanischer Präsident, erinnerte sich gern zurück an seine Jahre als einfacher Rancher in der endlosen Weite der Graslandschaft im äußersten Südwesten des Bundesstaats North Dakota.

Jene Cowboys, die sich nach einem harten Arbeitstag im September des Jahres 1883 auf der Veranda des Saloons in Medora versammelt hatten, warfen sich schmunzelnd Blicke zu: Was für ein Schnösel war denn da mit dem Zug aus dem Osten gekommen? »Dude« – was so viel meint wie »Dandy« – nannten sie den jungen New Yorker zunächst geringschätzig, doch schon bald zeigte der ungewöhnliche Besucher, dass er durchaus das Zeug zum Cowboy und Rancher hatte. Innerhalb kürzester Zeit akzeptierten die rauen Männer den jungen Theodore Roosevelt als einen der ihren. Da er später auch für seine berittene Spezialtruppe, die »Rough Riders«, bevorzugt Cowboys rekrutierte, bezeichnet man heute die Region um den Roosevelt-Nationalpark im Südwesten North Dakatos als »Rough Rider Country«.

Roosevelt wollte ursprünglich in der Region um Medora im Südwesten North Dakotas Jagd auf Bisons und Großwild machen. Allerdings fiel ihm schon bald auf, dass die Tierwelt dieser faszinieren-den Prärielandschaft enorm dezimiert war. Die Erkenntnis bewirkte, dass er später als Präsident die Nationalpark-Idee energisch vorantrieb. In der Abgeschiedenheit der North Dakota Badlands lebte er erst in einer einfachen Cabin, dann baute er die Elkhorn Ranch und wurde zum Rinderzüchter auf Zeit. Seine Erfahrungen als Rancher sollten »Old Four Eyes«, wie die Cowboys den Brillenträger nannten, menschlich und beruflich entscheidend prägen.

Roosevelts Liebe zur Natur des Westens war es zu verdanken, dass während seiner Amtszeit Naturschutz erstmals zum politischen Thema wurde. Zu seinen größten Erfolgen zählen die Einsetzung der US-Forstverwaltung 1906 und die Unterzeichnung des »Antiquities Act«. Auf der Grundlage dieses Gesetzes wurden noch im selben Jahr 18 Naturschutzgebiete ausgewiesen. Im Südwesten North Dakotas sollte die Verwirklichung von Roosevelts Visionen etwas länger dauern: Um seine Elkhorn Ranch wurde zunächst 1947 ein National Memorial

Oben: In dieser bescheidenen Blockhütte, der Maltese Cross Cabin, lebte der spätere Präsident Theodore Roosevelt während seines ersten Aufenthalts in North Dakota. Unten: Im Schutzgebiet des Roosevelt NP haben außer Bisons auch Mustangs ein Rückzugsgebiet. Rechts: Blick auf die Badlands und das weite Tal des Little Missouri River im Theodore Roosevelt NP.

Oben: Wildwestflair in Medora am südlichen Zugang zum Roosevelt NP. Mitte: Bisons stehen unter Schutz. Unten: An den »Wilden Westen« erinnert das Medora Musical jeden Sommer. Rechts unten: Nacht über dem Theodore Roosevelt NP. Rechts oben: »Pheasants on the Prairie«, eine von sieben bisher gefertigt Blechskulpturen am Enchanted Highway.

Park eingerichtet; aus diesem entstand erst 1978 der Nationalpark.

Bildschöne Badlands

Der 285 Quadratkilometer große Theodore Roosevelt National Park gliedert sich in zwei Teile: North Unit und South Unit, durch Verwitterung entstandene Badland-Landschaften wie aus dem Bilderbuch. Im weniger frequentierten nördlichen Gebiet ist der Canyon, durch den sich der Little Missouri River schlängelt, schmaler. Die Schluchten wirken dadurch dramatischer und eindrucksvoller. Der Little Missouri River hat sich tief in die Sandsteinformationen der Prärie gegraben und dabei geomorphologische Formationen und Schichten freigelegt, die sich je nach Lichteinfall und Sonnenstand farblich verändern. Wind und Regen haben die Canyon-Wände zu einer bizarren Landschaft geformt, bewachsen mit Gräsern, Kakteen und Sträuchern. Den südlichen Teil des Nationalparks erschließt eine knapp 60 Kilometer lange Rundroute. Sie beginnt in der Ortschaft Medora und führt durch den Canyon, vorbei an mehreren Aussichtspunkten und Trailheads – Ausgangspunkten für Wanderungen –, an Flusslandschaften und Präriehund-Kolonien. Zwischen beiden Parkabschnitten und weiter Richtung Süden bis nahe an die Grenze zu South Dakota erstreckt sich das Little Missouri National Grassland, das größte derartige Gebiet der USA. Knapp eine halbe Million Hektar der Prärielandschaft sind hier ebenfalls unter Schutz gestellt.
Von den riesigen Bisonherden, die noch bis 1870 durch den Canyon zogen, ist nicht viel geblieben. Auch die Antilopen oder Pronghorns (Gabelböcke), verschiedene Hirscharten, Schwarzbären, Waschbären, Biber, die in unterirdischen Höhlensystemen hausenden Präriehunde und viele andere Tiere waren bereits weitgehend ausgerottet. Erst in jüngster Zeit fruchteten Bemühungen um die Wiederansiedlung bedrohter Tierarten. Mittlerweile gibt es sogar wieder kleine Bisongruppen, Antilopen und Mustangherden. Zurückgelassen von früheren Rangern, haben die Wildpferde hier ein Refugium gefunden.

Die Vision von der »Cowtown«

Hätte sich der französische Adelige Marquis de Mores durchgesetzt, wäre Medora die Rindermetropole des Mittleren Westens geworden. Der Marquis war 1882 nach North Dakota gekommen, um eine Geschäftsidee zu verwirklichen: Ein großer Schlachthof sollte entstehen, das Rindfleisch in Kühlwagen an die Ostküste geliefert werden. Damit hätte man sich das mühevolle Verladen und Verschicken der Tiere in die Schlachtereien von Chicago erspart. Der Schlachthof wurde tatsächlich gebaut und auch eine Bahnstation eingerichtet, doch letztlich scheiterte die Idee am großen Viehsterben Mitte der 1880er-Jahre und am Widerstand der etablierten Unternehmen in Chicago und New York.
Übrig blieb der kleine Ort um die Bahnstation, nach der Gattin des eigenwilligen Franzosen »Medora« genannt, ebenso wie das Wohnhaus der Familie de Mores. Zugegeben, das »Chateau de Mores« ist kein Schloss im eigentlichen Sinne, sondern eher ein komfortables Holzhaus mit 27 luxuriös ausgestatteten Zimmern, Antiquitäten aus Frankreich, Porzellan aus England, einem Jagdraum

und einem Weinkeller. Die Villa kann heute besichtigt werden.

Flecken mit Wildwestflair

Mit seinen gut hundert Einwohnern wäre Medora ein Nest wie viele andere in den endlosen Weiten der Prärie, verstünde man sich nicht auf geschickte Vermarktung. Mit der Restaurierung des historischen Ortskerns ist auch das Wildwestflair zurückgekehrt. Zahlreiche kleine Lokale, Cafés und Läden decken die touristischen Grundbedürfnisse – und die North Dakota Cowboy Hall of Fame ist einzigartig in ihrer Art.

Abgesehen von einer Ruhmeshalle zu Ehren verdienter Persönlichkeiten im Rodeo-, Ranch- und Zuchtbusiness geht es im Museum um die Indianer der Region, allen voran um die Sioux, und ihren Umgang mit den Pferden, um die mühevollen Anfänge der ersten Siedler, die Bedeutung der Ranches sowie die

Entwicklung und Bedeutung des Rodeo-Sports. Die Cowboys stehen zwar im Mittelpunkt des Interesses, doch das Prunkstück der Ausstellung stellt der Kopfschmuck von Sitting Bull dar. Gelungener Abschluss eines Ausflugs in den Wilden Westen ist an Sommerabenden das Medora Musical – ein Varieté im Broadway-Stil mit Showeinlagen. Das Burning Hills Amphitheater, in dem es jedes Jahr zwischen Juni und September stattfindet, verfügt über fast 3000 Plätze und liegt traumhaft am Rand der Badlands. Die Sonnenuntergänge wie der nächtliche Sternenhimmel über dem Freilufttheater werden unvergesslich bleiben. Da die Aufführung erst am späteren Abend beginnt und fast bis Mitternacht dauert, kann sich, wer möchte, vorher beim Pitchfork Steak Fondue mit einem leckeren Steak aus dem Riesen-Fonduetopf in Biergartenatmosphäre und mit Ausblick stärken.

EINE MÄRCHENSTRASSE

Die Stadt Dickinson ist ein Zentrum für Vieh- und Pferdezucht, das neuerdings auch von der boomenden Ölindustrie profitiert. Eine ungewöhnliche Sehenswürdigkeit befindet sich einige Meilen östlich von diesem Hauptort des Rough Rider Country: der Enchanted Highway. Diese »verzauberte« Landstraße zweigt von der I-94 ab und bis zu ihrem Endpunkt, Regent, reihen sich am Straßenrand derzeit sieben riesige Skulpturen mit Namen wie »Geese in Flight«, »Grasshopper's Delight« oder »Fisherman's Dream« auf. Sie ragen bis zu 50 Meter hoch in den blauen Prärie-himmel. Seit 1993 fertigt der ehemalige Lehrer Gary Greff in Eigenregie überdimensionale Kunstwerke aus Schrott mit dem Ziel, Touristen in sein kleines Heimatdorf Regent zu locken und so dem Ort mehr Aufmerksamkeit zu verschaffen (www.enchan tedhighway.net).

WEITERE INFORMATIONEN

Roosevelt National Park:
www.nps.gov/thro, $ 10/Pkw
Medora/North Dakota:
www.medorand.com
Theodore Roosevelt Medora Foundation:
www.medora.com
Übernachten: Rough Riders Hotel, Medora, www.medora.com/rough-riders.

Die Prärie

49 Bismarck – Legendary North Dakota

»Reise in das innere Nord-America«

Der mächtige Missouri River teilt den Bundesstaat North Dakota: Endlose Getreide- und Maisfelder prägen den Osten, während der Westen von fast baumloser Prärie gekennzeichnet ist, die sich bis zum Horizont ausbreitet und nur von tief eingeschnittenen Flusstälern unterbrochen wird. Am Missouri liegt Bismarck, die Hauptstadt des Staates.

Im Oktober 1804 trafen an den Ufern des Missouri zwei Welten aufeinander. Auf der einen Seite die Mitglieder jenes Corps of Discovery, das US-Präsident Thomas Jefferson in den 1803 von Napoleon abgekauften Nordwesten des Kontinents geschickt hatte. Die Forschungsexpedition schlug am Fluss ihr Winterlager auf. Und auf der anderen Seite Tausende von Indianern aus den fünf Mandan- bzw. Hidatsa-Siedlungen inmitten des heutigen North Dakota. Sie versammelten sich am Missouri, um sich dieses Schauspiel nicht entgehen zu lassen. Die Offiziere Meriwether Lewis und William Clark und ihre Männer dürften sich mächtig gewundert haben über den Menschenauflauf. Damals übertrafen die sogenannten Knife River Indian Villages die Bevölkerungszahlen von St. Louis und sogar von der US-Hauptstadt Washington. Erstaunlich genug: Denn gut 20 Jahre zuvor hatte eine verheerende Masernepidemie über zwei Drittel der Mandan-Indianer das Leben gekostet.

Indianische Metropolen

Im Umkreis von Bismarck, der Hauptstadt von North Dakotas, finden sich zahlreiche Spuren der Mandan und ihrer Nachbarn, der Hidatsa – beide im Unterschied zu den Sioux sesshafte Ackerbauern. An Orten wie Double Ditch oder in den Knife River Indian Villages, wenige Kilometer westlich der 1200-Einwohner-Gemeinde Washburn, haben sich von den ehemaligen »Earthlodges« nur Erdmulden und Hügel erhalten.

Eine bessere Vorstellung vom Aussehen der indianischen Erdhütten vermittelt das On-a-Slant Village südlich von Mandan, Bismarcks Schwesterstadt am westlichen Ufer des Missouri River. Es liegt in direkter Nachbarschaft zum einstigen Fort Lincoln, wo General Custer und seine Siebte Kavallerie untergebracht waren. Heute haben dort die Nachkommen der Mandan und Hidatsa, die in einer Reservation im Nordwesten von North Dakotas leben, Erdhütten rekonstruiert und im traditionellen Stil ausgestattet. Die fünf

Oben: Winterstimmung über dem nachgebauten Museumsdorf »On-a-Slant Village« der Mandan-Indianer am Missouri River nahe Bismarck. Unten: Mató Tópe war einer der berühmten Mandan-Häuptlinge, den der Maler Carl Bodmer porträtierte. Rechts unten: Blick auf Bismarck, die Hauptstadt von North Dakota. Rechts oben: Cowboy auf Zeit in North Dakota.

Lodges, ursprünglich waren es 85, geben einen guten Eindruck vom damaligen Alltag und der Gesellschaftsstruktur.

Das Leben der Indianer steht auch im North Dakota Heritage Center in Bismarck, einer der größten Sammlungen indianischer Kunst, im Mittelpunkt. Wer sich für modernes indianisches Kunsthandwerk interessiert, sollte zudem das Five Nations Center im alten Bahnhof von Mandan aufsuchen.

Weltberühmte Indianerporträts

Aber nicht nur die Erdhütten der Mandan erinnern an die indianischen Metropolen und ihre Menschen, es ist vor allem eine Serie eindrucksvoller Bilder aus dem 19. Jahrhundert, auf denen die *Native Americans* verewigt sind. Die Indianerporträts – als wohl bekanntestes gilt das des Mandan-Häuptlings Mató-Tópe – haben den Schweizer Maler Karl Bodmer (1809–1893) berühmt gemacht. Das Lewis & Clark Interpretive Center in Washburn ist eines von vier Museen weltweit, das einen kompletten Satz der 81 Bodmer-Drucke besitzt.

Der 23-jährige Künstler hatte sich 1832 erfolgreich bei Prinz Maximilian von Wied (1782–1867), einem früheren preußischen Militär, als Begleiter auf dessen Expeditionsreise in »das innere Nord-America« beworben. Zusammen mit seinem Diener und dem Künstler folgte Prinz Max in den Jahren 1833/34 dreizehn Monate lang der Route des Corps of Discovery von St. Louis bis Fort McKenzie in Montana.

Während der fünf Monate im Winterlager in Fort Clark, in Gesellschaft der Mandan und Hidatsa, entstand ein Großteil von Bodmers inzwischen weltberühmten Indianer- und Landschaftsbildern. Nach der Rückkehr der Expedition illustrierten die Zeichnungen in Form kolorierter Kupferstiche Maximilians detaillierte Tagebuchaufzeichnungen als separates Portfolio. Der später veröffentlichte Band *Reise in das innere Nord-America* zählt heute zu den bedeutendsten Werken der Völkerkunde und ist eines der letzten authentischen Zeugnisse über die Prärie-Indianer und ihre ursprüngliche Lebensweise.

COWBOY AUF ZEIT

Die Rolling Plains Adventure Ranch ist eine Working Cattle Ranch (www.rollingplains adventures.com/guestranch.html) in McKenzie, knapp 40 Kilometer südöstlich von Bismarck. Sie bietet den Gästen eine »True Cowboy Experience«. Es stehen Cattle Drives, Ausritte und andere Outdooraktivitäten, Grillfeste und Lagerfeueridylle auf dem Programm. Die Unterbringung erfolgt im Haupthaus (drei Zimmer) oder in rustikalen Cabins, die Mahlzeiten sind inklusive.

WEITERE INFORMATIONEN

Bismarck-Mandan: www.discoverbis marckmandan.com

Lewis & Clark Interpretive Center/Fort Mandan, Washburn, www.fortmandan.com

Knife River Indian Villages NHS, Stanton, www.nps.gov/knri

North Dakota Heritage Center, Bismarck, www.nd.gov/hist

Fort Abraham Lincoln / On-a-Slant Village, Mandan, www.fortlincoln.com

Tipp: United Tribes International Powwow, Anfang September auf dem Campus des United Tribes Technical College – eines der bedeutendsten und größten Powwows (www.unitedtribespowwow.com).

50 Badlands National Park

Land des Lichts und der Steine

Der Begriff klingt unschön – dabei bieten die Badlands doch einzigartige landschaftliche Reize. Umgeben vom Buffalo Gap National Grassland liegt der Badlands National Park mitten im Bundesstaat South Dakota. Kaum bekannt und nur wenig besucht, zeichnet den Park eine wild zerklüftete, bizarre Bergwelt aus, die einer Mondlandschaft in unzähligen Farbnuancen gleicht.

Oben: Einst gehörten die Badlands zur Heimat der Lakota. Unten: Die Ereignisse im Dezember 1890 in Wounded Knee sind bei den Lakota bis heute unvergessen. Rechts unten: Die bizarren Felslandschaften bleiben von einem Besuch im Badlands NP ebenso in Erinnerung wie die Sonnenuntergänge. Rechts oben: Willkommen in der Westernstadt Wall.

Die Menschen begegnen den Badlands seit jeher mit einer Mischung aus Furcht und Faszination. Selbst die hier lebenden Lakota, für die dieser Ort heilig ist, sprechen von »maco sika«, »bad land«. Auch die ersten Trapper, die durch die Region zogen, waren der Meinung, dass dieses Land ausgesprochen »schlecht zu passieren« und für eine Besiedelung wenig geeignet sei.

Die Indianer hatten für die eindrucksvolle Landschaft aber noch einen anderen Namen: »kadoka« – die Wand. Nähert man sich von Süden über die endlose Prärie, erschließt sich das Sprachbild: Die Bergkette wirkt aus dieser Perspektive wie ein unüberwindliches Hindernis. Die ersten Siedler nannten ihre Siedlungen daher auch »Kadoka« und »Wall«.

Faszinierende Felsen und Farben

Es sind die bizarren, kargen Felsstrukturen und ihre sich im Sonnenlicht verändernden Farben, die den Betrachter fesseln. Bei Sonnenuntergang scheinen die Felsen Feuer zu fangen, am Morgen beginnen sie sanft aufzuleuchten, wenn die Sonnenstrahlen langsam die Hügel hinaufwandern. 1939 wurden die Badlands zum Nationalpark erklärt, 1976 kamen zwei ausgedehnte Areale im Süden dazu: Stronghold und Palmer Creek Unit. Die Parkverwaltung verwaltet die Gebiete zusammen mit den Lakota-Indianern, auf deren Pine Ridge Reservat das Gelände liegt. Heute umfasst der gesamte Nationalpark rund 1100 Quadratkilometer und gliedert sich in einen Nordteil (North Unit) und in einen größeren, aber schlechter zugänglichen Südteil (Stronghold Unit).

Rund 20 Kilometer südlich der Ortschaft Wall, dem Tor zum Park an der Autobahn I-90, beginnt der »Badlands Loop« (Highway 240), der durch den Nordteil des Parks führt. Entlang diesem Loop reihen sich mehrere Aussichtspunkte aneinander, doch es empfiehlt sich, einige Abstecher zu Fuß in die »Wildnis« einzuplanen: zum Beispiel auf dem Fossil Exhibit Trail, dem Cliff Shelf Nature Trail, dem steileren Saddle Pass

Trail oder dem Door Trail; länger und anstrengender sind der Notch Trail oder der über 15 Kilometer lange Castle Trail. Das Ben Reifel Visitor Center lohnt aus mehreren Gründen den Besuch: zum einen wegen der Ausstellung und einer filmischen Dokumentation, zum anderen wegen des gut sortierten Buchladens. Von hier gelangt man entweder durch den Nordost-Eingang bei Cactus Flat auf die I-90 oder fährt südwärts, bis die Straße nach Interior auf den Highway 44 stößt. Dieser durchquert in Ost-West-Richtung das südlich an den Nationalpark angrenzende Buffalo Gap National Grassland. Bei Scenic streift die Straße die Stronghold Unit, die am schlechtesten erschlossene Sektion des Parks. Von dem Städtchen führt der Highway 27 dann zum White River Visitor Center und weiter nach Pine Ridge.

Trauriges Geschichtskapitel

Südlich des Badlands National Parks erstreckt sich die Pine Ridge Indian Reservation, die Heimat der Oglala ist, einem zur der Sprachgruppe der Lakota-(Sioux-)Indianer gehörigen Stamm. In ihrem Reservat verbirgt sich etwas abseits der wenigen Touristenpfade einer der traurigsten Schauplätze der US-amerikanischen Geschichte: die Wounded Knee Historic Site.

Hier wurde Ende Dezember 1890 eine kleine Gruppe friedlicher Lakota von US-Soldaten eingekesselt. Als sich bei ihrer Entwaffnung versehentlich ein Schuss löste, begannen die Soldaten ohne jede Vorwarnung auf die Indianer zu schießen. Am Ende lagen 150 Männer, Frauen und Kinder tot im Schnee, darunter auch 25 von eigenen Waffen getötete Soldaten. Andere Quellen sprechen von mehr als 300 Opfern. Der Schriftsteller Dee Brown beschrieb in dem Bestseller *Begrabt mein Herz an der Biegung des Flusses* das Massaker als den Schlusspunkt der jahrhundertelangen und gewaltsamen Auseinandersetzungen zwischen den Ureinwohnern und der US-Regierung.

SHOPPEN WIE ZU OMAS ZEITEN

Die kleine Ortschaft Wall ist das Tor zum Badlands National Park. Attraktion im Ort ist der Wall Drug Store, seit 1931 ein »Waterhole« für Reisende auf dem Weg in den Westen. Mit unübersehbaren Reklametafeln entlang der einsamen Autobahn I-90 wird auf diese ungewöhnliche Sehenswürdigkeit hingewiesen. Der Store als eine Mischung aus Kaufhaus und Vergnügungspark hat neben Drogerieartikeln auch Westernwear, Souvenirs, Kunstwerke und Lebensmittel im Sortiment (www.walldrug.com).

Die beste Unterkunft im Nationalpark bietet die Cedar Pass Lodge (www.cedarpasslodge.com) mit Laden und Lokal. Ihre kleinen Cabins liegen nahe dem Ben Reifel Visitor Center mitten im Park und sind entsprechend ruhig und idyllisch.

WEITERE INFORMATIONEN

Badlands NP: www.nps.gov/badl, $ 15/Pkw.

Wounded Knee Historic Site, Pine Ridge Reservation, BIA 27. www.nps.gov/history/history/online_books/soldier/siteb30.htm

Blick auf den Casa Grande
Mountain im Big Bend
National Park in Texas.

Oben: Im Sagurao National Park in Tucson. Mitte: Ein stolzer Lakota-Krieger in den Badlands in South Dakota. Unten: Gemütliche Pause in Portland, Oregon.

Register

Oben: Westernkulisse in den Old Tucson Studios in Arizona. Mitte: Ein Prachtexemplar von Kaktus in der Sonora-Wüste in Arizona. Unten: Ein Mädchen von den Crow Creek Sioux in South Dakota.

Impressum

Produktmanagement: Dr. Birgit Kneip
Textlektorat: Britta Menzel, Altomünster
Satz: graphitecture, Rosenheim
Repro: Repro Ludwig, Zell am See
Umschlaggestaltung: Fuchs-Design, Sabine
Fuchs, München
Kartografie: Astrid Fischer-Leitl, Munchen
Herstellung: Bettina Schippel
Printed in Italy by Printer Trento

Alle Angaben dieses Werkes wurden von der
Autorin sorgfältig recherchiert und auf den
aktuellen Stand gebracht sowie vom Verlag
gepruft. Fur die Richtigkeit der Angaben kann
jedoch keine Haftung ubernommen werden.
Fur Hinweise und Anregungen sind wir jeder-
zeit dankbar. Bitte richten Sie diese an:
Bruckmann Verlag
Postfach 40 02 09
80702 Munchen
E-Mail: lektorat@bruckmann.de

Bildnachweis:
Alle Bilder des Innenteils und des Umschlags
stammen von Christian Heeb, außer:
Autry National Center: S. 25 o.; Margit
Brinke: S. 45 o., 47 o., 78 o., 91 o., 107 o.,
138 o., 143 o., 157 o., 157 u., 159 o.; RVN
FOOLZ, S. 133; Fotolia: S. 30; Medora:
S. 154; OldBookArt.com: S. 156; Shutter-
stock: S. 22 (NITO), 52 (Sharon Eisenzopf),
77 (Karin Hildebrand Lau), 86 (Julie Lubick),
89 (Thomas Barrat), 102 (kamoo), 144/145
(Jim Parkin), 152 (Nancy Bauer); 131 (Richard
Semik); Tioga Lodge: S. 35; Vikingsholm:
S. 39; Benjamin White: S. 127 o.,
www.worldbestspot.com: S. 135 o.,

Die Deutsche Nationalbibliothek verzeichnet
diese Publikation in der Deutschen National-
bibliografie; detaillierte bibliografische Daten
sind im Internet uber http://dnb.d-nb.de
abrufbar.

Unser komplettes Programm:
www.bruckmann.de

ISBN 978-3-7654-5758-6

Oben: Spektakulär und wild ist der
Küstenabschnitt am Samuel H. Boardman
State Park, Oregon. Mitte: Bunter Verkehr auf der Grant Street von Chinatown
in San Francisco, Kalifornien. Unten: Die
bezaubernde Rotrücken-Zimtelfe
(*Selasphorus rufus*), eine Kolibriart, ist
im Westen der USA verbreitet.

In gleicher Reihe erschienen ...

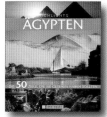 ÄGYPTEN
ISBN 978-3-7654-5437-0

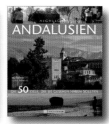 ANDALUSIEN
ISBN 978-3-7654-5599-5

 AUSTRALIEN
ISBN 978-3-7654-4828-7

 DEUTSCHLAND
ISBN 978-3-7654-5154-6

 CHINA
ISBN 978-3-7654-4830-0

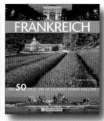 FRANKREICH
ISBN 978-3-7654-5368-7

 GERMANY
ISBN 978-3-7654-5253-6

 ENGLANDS SÜDEN
ISBN 978-3-7654-5597-1

 IRLAND
ISBN 978-3-7654-5214-7

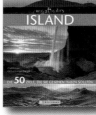 ISLAND
ISBN 978-3-7654-5592-6

 ISRAEL
ISBN 978-3-7654-5598-8

 ITALIEN
ISBN 978-3-7654-4617-7

 ITALIENS WELTERBE
ISBN 978-3-7654-5594-0

 JAPAN
ISBN 978-3-7654-5426-4

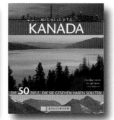 KANADA
ISBN 978-3-7654-4760-0

 KARIBIK
ISBN 978-3-7654-4869-0

 KUBA
ISBN 978-3-7654-5596-4

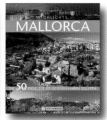 MALLORCA
ISBN 978-3-7654-5465-3

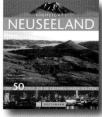 NEUSEELAND
ISBN 978-3-7654-4750-1

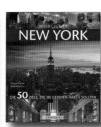 NEW YORK
ISBN 978-3-7654-5751-7

 NORWEGEN
ISBN 978-3-7654-4827-0

 PARIS
ISBN 978-3-7654-5753-1

 PERU
ISBN 978-3-7654-5436-3

 PORTUGAL
ISBN 978-3-7654-5533-9

 RUSSLAND
ISBN 978-3-7654-5600-8

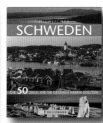 SCHWEDEN
ISBN 978-3-7654-4973-4

 SÜDAFRIKA
ISBN 978-3-7654-4748-8

 HIGHLIGHTS USA
ISBN 978-3-7654-5496-7

 USA Der Westen
ISBN 978-3-7654-5758-6

 VIETNAM
ISBN 978-3-7654-5144-7

 BRUCKMANN
www.bruckmann.de